NOTICE

HISTORIQUE

SUR M. DE BOULOGNE,

ÉVÊQUE DE TROYES.

PARIS.

DE L'IMPRIMERIE D'ADRIEN LE CLERE ET Cie,

QUAI DES AUGUSTINS, N° 35.

1826.

NOTICE

HISTORIQUE

SUR M. DE BOULOGNE,

ÉVÊQUE DE TROYES.

Il a paru l'année dernière, dans un journal, une petite notice sur ce prélat, et cette notice a ensuite été publiée à part; mais, rédigée peu de temps après sa mort, elle étoit fort courte et ne rappeloit que très-sommairement les actions et les ouvrages de M. de Boulogne. Depuis, on a communiqué à l'éditeur des pièces importantes, des lettres, des brefs, des notes, entr'autres un projet de notice rédigé par l'évêque lui-même, et qui contient beaucoup de choses curieuses. Ce projet n'étoit pas de nature à être publié en entier, mais il nous a fourni des détails intéressans sur la vie et les ouvrages du prélat, et en nous avons même quelquefois adopté des fragmens.

Nous partageons notre Notice en quatre parties; la première embrasse le commencement de la carrière de M. de Boulogne jusqu'à la révolution; la deuxième depuis le commencement de la révolution jusqu'à son épiscopat; la troisième s'étend jusqu'à la restauration, et la quatrième comprend ce qui s'est passé depuis cette dernière époque.

1.   *a*

PREMIÈRE PARTIE.

JUSQU'A LA RÉVOLUTION.

Etienne-Antoine de Boulogne (1) naquit à Avignon le 26 décembre 1747. Sa première enfance fut négligée, et ce ne fut qu'assez tard qu'il fut envoyé aux écoles des Frères, dits des Ecoles chrétiennes; il conserva toute sa vie de l'estime pour ces vertueux maîtres, et il se fit, en plusieurs circonstances, le défenseur et le prôneur de cette modeste et respectable congrégation. Les Frères, frappés de ses heureuses dispositions et de son penchant pour l'état ecclésiastique, favorisèrent sa vocation; on le mit, à quinze ans, dans une pension pour commencer ses classes, et son ardeur fut telle, qu'il les acheva dans l'espace d'un an : il fit sa rhétorique seul et avec le secours de quelques livres, ou plutôt il n'en fit point, et fut envoyé presque aussitôt en philosophie. Cette précipitation, il faut l'avouer, eut bien quelques inconvéniens, et nous sommes porté à croire que le talent de M. de Boulogne eût pris de bonne heure un plus grand essor, si ses premières études

---

(1) Son nom véritable étoit Boulogne, et il signoit presque toujours ainsi. Mais à Paris, avant la révolution, on donnoit volontiers le *de* à tous ceux qui avoient quelque réputation; c'étoit surtout l'usage dans les maisons des grands. On s'accoutuma donc à dire l'abbé *de Boulogne*, et beaucoup de gens ne le connoissoient que sous ce nom. Lui-même, après sa promotion à l'épiscopat, finit par céder à l'usage; jusque-là ses lettres sont signées *l'abbé Boulogne.*

eussent été plus soignées, et s'il eût suivi, dès sa jeunesse, la marche régulière des cours classiques.

À la fin de sa dix-septième année, le jeune étudiant entra au séminaire Saint-Charles d'Avignon, dirigé par la congrégation de Saint-Sulpice; il y fit deux ans de philosophie et trois de théologie, et en sortit après avoir reçu le sous-diaconat. Dès cette époque, son goût pour l'art oratoire le portoit à composer des discours, et il avouoit s'être plus occupé de ce genre de travail que de la théologie. L'archevêque d'Avignon, M. Manzi, à qui l'on avoit parlé de ses dispositions pour la chaire, lui ordonna de suivre son attrait; et sans attendre même qu'il fût diacre, il le chargea de prêcher dans une église de la ville un jour qu'il lui fixa. Ce sermon eut un succès qui fut dû sans doute à l'extrême jeunesse de l'orateur, et à la bienveillance que cette circonstance appeloit sur lui : peut-être ce premier discours est-il celui sur l'Immortalité, le premier en date de tous ceux qui ont été trouvés dans ses manuscrits. Le 1er avril 1771, qui étoit la deuxième fête de Pâque, M. de Boulogne prêcha son sermon sur la Religion chrétienne devant la congrégation des hommes. Il paroît qu'il étoit alors diacre, et il fut ordonné prêtre aux Quatre-Temps de décembre suivant. Il lui manquoit six jours pour avoir l'âge prescrit; mais l'archevêque d'Avignon, qui vouloit favoriser son talent, demanda et obtint pour lui une dispense.

Le sacerdoce fournit à l'abbé de Boulogne de fréquentes occasions d'exercer son talent pour la chaire;

il composa plusieurs discours, un sur l'Amour de Dieu, un sur la Foi, un panégyrique de saint Louis, et il prêcha dans les différentes églises d'Avignon, et même au dehors de cette ville, à Tarascon, à Villeneuve, etc. Une circonstance inopinée vint encore fortifier ce penchant pour l'art oratoire. L'Académie de Montauban proposa, en 1773, pour prix d'éloquence, un discours sur ce sujet : *Il n'y a pas de meilleur garant de la probité que la religion*, conformément à ces paroles de l'Ecclésiastique : *Qui timet Deum, faciet bona*. Ce sujet tenta le jeune abbé, et il envoya au concours un discours qui obtint le prix. Il s'étoit si peu attendu à cet honneur, qu'il avoit négligé de conserver une copie de son travail, et qu'il fut obligé de prier le secrétaire de l'Académie de lui envoyer son discours, dont il vouloit faire un sermon (1).

L'abbé Poulle (2), qui se trouvoit alors à Avignon, fut témoin des premiers essais de l'abbé de Boulogne, et les encouragea par ses conseils. Ce prédicateur, qui avoit couru lui-même avec succès la

(1) On n'a point retrouvé ce discours dans les papiers de l'auteur ; mais il y en a un autre sur ce sujet : *La véritable philosophie est dans les mœurs plus que dans les paroles*, conformément à ce passage de saint Paul : *Dicentes se esse sapientes, stulti facti sunt*. Ce discours semble avoir été fait aussi pour un concours devant une académie, et pourroit même être antérieur au précédent ; du moins la rédaction porte des traces de jeunesse et d'un goût encore peu mûr.

(2) Louis Poulle, né à Avignon, vint à Paris en 1733, et occupa les chaires pendant quelques années. Il fut abbé de Nogent en 1748, et mourut le 8 novembre 1781, à soixante-dix-neuf ans. Ses sermons furent publiés à Paris en 1778, 2 vol. in-12. Le baron de Sainte-Croix a donné son éloge.

carrière de la chaire, prônoit partout le jeune orateur, et lui répétoit sans cesse sa maxime favorite :
*C'est qu'il ne faut pas faire le discours, mais que
le discours se fasse.* On a trouvé sur cet adage un
morceau de M. de Boulogne, qui le commente et
l'approuve; ce morceau sera placé convenablement
dans les *Mélanges.* L'abbé Poulle engageoit forte-
ment son jeune compatriote à se rendre à Paris, où
les récompenses ne supposent pas toujours les talens,
mais où les talens sont rarement sans récompense.
C'étoit aussi l'avis du Père de Ligny, Jésuite, qui
s'étoit retiré à Avignon lors de la destruction de la
société, et qui s'y livroit à la prédication avec beaucoup de zèle et de succès (1). Ce Jésuite, qui étoit
un homme de mérite, et auquel M. de Boulogne
ne croyoit pouvoir comparer, pour le talent de la
chaire, aucun des orateurs qu'il entendit depuis dans
la capitale, avoit pris également le plus vif intérêt
aux travaux du jeune abbé; il l'instruisoit par ses
exemples et par ses leçons, et lui disoit souvent qu'il
ne falloit faire aucune difficulté de se servir de ce
qu'on trouvoit de plus beau dans les grands orateurs :
la vérité, ajoutoit-il, appartient à tout le monde, et
le secret est de savoir se l'approprier.

Fort de ces conseils et muni de lettres de recom-
mandation de ses amis, l'abbé de Boulogne quitta sa

(1) François de Ligny, né à Amiens en 1709, mort à Avignon en 1788,
est principalement connu par son *Histoire de la Vie de Jésus-Christ*,
qui a été réimprimée récemment, et par l'*Histoire des Actes des Apôtres*,
qui en est la suite.

patrie le 21 septembre 1774, et arriva le 2 octobre
à Paris. Son premier soin fut d'aller entendre les
prédicateurs qui brilloient le plus dans la capitale.
Un de ceux qui avoient alors le plus de réputation
étoit le Père Élisée, Carme (1); sa manière ne sé-
duisit point M. de Boulogne, qui le trouva médiocre
pour la composition et froid pour le débit, et qui
ne pouvoit revenir de la vogue de ce prédicateur ni
de l'affluence qui se portoit à ses sermons. Il fut plus
content de l'abbé de Beauvais, sur lequel il a publié
lui-même depuis une notice très-bien faite; mais il
étoit loin de le regarder comme un orateur du premier
ordre, et il crut qu'au milieu de cette disette de talens
il lui seroit peut-être plus aisé de se faire jour et d'acquérir quelque réputation. Il se lança donc dans la
carrière plus tôt qu'il n'avoit projeté. Dans la suite il
témoignoit regretter vivement de s'être si fort pressé,
et de n'avoir pas donné à son talent le temps de se
mûrir par une étude sérieuse et par un travail assidu.

Toutefois ses sermons, quelque imparfaits qu'ils
fussent à ses yeux, eurent assez de succès, et le jeune
orateur prêchoit assez fréquemment dans différentes
paroisses et communautés. Il aspiroit à prêcher à
Versailles; un évêque lui en fournit occasion. M. de
Guernes, évêque d'Aléria en Corse, étant venu à
Paris comme député du clergé de cette île, fut présenté au Roi, à la Reine et à toute la famille royale;

(1) Jean-François Copel, dit en religion le Père Élisée, né à Besançon
le 31 septembre 1726, mort à Pontarlier le 11 juin 1783. On a ses sermons en 4 vol. in-12.

il pria l'abbé de Boulogne de lui composer les ha-
rangues qu'il devoit prononcer, et, en retour de ce
service, il le fit nommer pour prêcher le sermon
fondé, dans l'église des Récollets de Versailles, par
la feue Reine (1). Ce sermon étoit en l'honneur de
saint Jean Népomucène, pour lequel cette princesse
avoit beaucoup de dévotion, et Mesdames de France,
filles de la Reine, y assistoient. M. de Boulogne prêcha donc, le 16 septembre 1777, devant Mesdames
Adélaïde, Victoire et Sophie, tantes de Louis XVI.

A peu de jours de distance, nous voyons le même
orateur transporté au loin, dans une église de campagne. Élie de Beaumont, avocat célèbre de ce temps,
et intendant des finances de M. le comte d'Artois,
avoit fondé, dans sa terre de Canon, au diocèse de
Lisieux, une fête appelée la *fête des bonnes gens*,
et destinée à couronner un vieillard et une jeune
fille qui se seroient distingués par leur bonne conduite : ce vieillard et cette jeune fille étoient choisis
dans trois paroisses contiguës, Canon, Vieux-Fumé
et Mézidon, et on les nommoit à la pluralité des suffrages. Le couronnement se faisoit avec beaucoup
d'appareil, et le fondateur y invitoit plusieurs personnes de la capitale. Son institution avoit obtenu
l'approbation du Roi, et Louis XVI et la Reine avoient
envoyé leurs portraits à Élie de Beaumont pour lui
témoigner leur bienveillance. Des cordons bleus, qui
avoient été portés par M. le comte d'Artois, servoient

(1) Marie Leczinska, fille de Stanislas, roi de Pologne, et femme de
Louis XV, morte le 24 juin 1768.

à décorer les deux bonnes gens couronnés le jour de la cérémonie. L'abbé de Boulogne, qui étoit lié avec Élie de Beaumont, prêcha trois années de suite le discours qui accompagnoit la cérémonie, le 29 septembre 1777, le 20 septembre 1778, et le 29 septembre 1779; il y fait l'éloge de la bonhomie, de la simplicité, de la concorde, et y paie un tribut d'hommages au fondateur.

En arrivant à Paris, l'abbé de Boulogne étoit entré dans la communauté des prêtres de la paroisse Sainte-Marguerite, faubourg Saint-Antoine; car, à cette époque, presque toutes les paroisses de la capitale avoient de ces communautés, si utiles pour maintenir dans le clergé la discipline et la régularité, en même temps que la bonne harmonie. Le jeune abbé remplit, pendant près de deux ans, la fonction de porter les sacremens aux malades, fonction qu'il étoit d'usage alors de désigner par le titre si familier de *porte-Dieu*. Cette fonction, si respectable en elle-même, lui étoit pénible, en ce qu'elle lui ôtoit le temps nécessaire pour composer des discours. Il espéra avoir plus de loisir dans la communauté des prêtres de Saint-Germain-l'Auxerrois, où le curé s'offrit de le recevoir comme confesseur. Ce ministère détournoit encore l'abbé de Boulogne de ses travaux favoris; mais Saint-Germain-l'Auxerrois le rapprochoit de ses connoissances, et ce changement pouvoit lui ménager quelque circonstance favorable pour se livrer avec moins de distraction à son goût pour la chaire.

Son calcul ne fut pas justifié par l'évènement.
L'abbé Chapeau, curé de Saint-Germain-l'Auxerrois,
étoit mal vu de M. de Beaumont, archevêque de
Paris. C'étoit un prêtre de mœurs régulières, et at-
taché à ses devoirs; mais la crainte de se compromettre avec le Parlement l'avoit porté à quelques
démarches que M. de Beaumont regardoit comme
des actes de foiblesse. Il avoit administré les sacremens à des prêtres appelans, sans exiger d'eux aucun signe de repentir, et l'archevêque lui en avoit
fait des reproches, et ne l'admettoit plus à ses réu-
nions. Les prêtres attachés à M. Chapeau étoient donc
vus de mauvais œil à l'archevêché. M. de Beaumont
fut sans doute mécontent que l'abbé de Boulogne
eût quitté un curé aussi ferme dans ses principes que
le curé de Sainte-Marguerite (1), pour s'attacher à
M. Chapeau. Cette démarche, jointe à des rapports
désavantageux que l'on fit au prélat, lui donna des
préventions si fâcheuses contre le jeune prédicateur, qu'il lui retira les pouvoirs pour la confession
et pour la prédication, sans vouloir jamais faire connoître les raisons de cette rigueur, et malgré une at-
testation honorable du curé. Ce fut dans les premiers
jours de février 1778 que cet interdit fut lancé. « Cette
disgrâce, dit M. de Boulogne, fut pour moi un coup de
foudre, et sans doute un des plus grands chagrins de

(1) M. Charles-Bernardin Langier de Beaurecueil, curé de Sainte-
Marguerite depuis 1743, avoit été banni, en 1755, pour refus de sacremens, et resta plusieurs années en exil à Rome. Il étoit le doyen des
curés de la capitale lorsqu'il refusa le serment en 1791.

ma vie; je me voyois arrêté au commencement de ma carrière, flétri, du moins aux yeux de bien des gens, perdant à la fois mes ressources pour le présent, et mon espoir pour l'avenir : ma désolation fut extrême. Je trouvai cependant des amis qui s'efforcèrent d'adoucir mes chagrins, et des protecteurs qui essayèrent de fléchir l'archevêque; mais ce fut en vain. »

Cette épreuve, quelque dure qu'elle fût, n'abattit point le courage de l'abbé de Boulogne; peut-être même lui fut-elle utile, sous ce rapport, qu'elle lui laissa plus de loisir pour le genre de travaux qu'il affectionnoit. N'étant plus distrait par les soins du ministère, il put étudier l'Écriture et les Pères, consulter les recueils des anciens sermonaires, revoir ses premiers discours et en préparer de nouveaux. Un succès inattendu vint lui apporter quelque consolation. Une société de gens de lettres, qui s'étoit formée à Paris (1), proposa, en 1778, un prix de 1200 fr. pour l'éloge du Dauphin, mort en 1765.

(1) On trouve quelques détails sur cette société dans les *Mélanges intéressans* de l'abbé Gérard, 1809, in-12. Les principaux membres de cette société étoient l'abbé Pey, l'abbé Duvoisin, l'abbé Guénée, l'abbé de Crillon, l'abbé Gérard, tous écrivains plus ou moins connus; et parmi les laïques, le prince de Wurtemberg, lieutenant-général en France; le comte d'Autrai, le chevalier d'Augard, et autres gens du monde sincèrement religieux. MONSIEUR, depuis Louis XVIII, s'étoit déclaré protecteur de la société, qui devoit tenir ses séances aux Tuileries; mais on avoit peur alors de tout ce qui portoit un caractère de zèle. Des gens ombrageux agirent auprès du garde des sceaux, de Miromesnil, qui engagea MONSIEUR à retirer sa protection. On souffroit des académies où l'incrédulité étoit favorisée d'une manière plus ou moins directe, mais on redoutoit une société formée dans le but de défendre la religion. Cette foiblesse et cette inconséquence étoient le caractère de l'époque; puissent-elles ne jamais se reproduire!

Parmi les concurrens qui se présentèrent, aucun ne fut jugé digne d'être couronné; le prix fut remis à l'année suivante, et doublé. L'espoir de gagner cent louis, et de fléchir un prélat sévère, engagea l'abbé de Boulogne à se mettre sur les rangs; mais comme il savoit que M. de Beaumont avoit contribué pour le quart à fournir les fonds du prix, il ne voulut point se faire connoître, et mit à la place de son nom, dans le pli cacheté, le nom d'un de ses amis qui étoit garde-marine. Le prix fut adjugé à son discours; et les juges n'étoient pas peu surpris qu'un garde-marine eût si bien réussi dans un ouvrage de ce genre, quand celui-ci s'empressa lui-même de les détromper, et déclara qu'il n'étoit qu'un prête-nom. L'abbé de Boulogne fut donc appelé quelques jours après pour recevoir le prix; on le combla d'éloges, et on voulut qu'il présentât son discours au Roi et à la famille royale. Plusieurs personnes de la cour, qui avoient été liées particulièrement avec le Dauphin, accueillirent l'auteur, lui surent gré d'avoir si bien traité ce sujet, et lui offrirent leurs services. D'obscur et d'inconnu qu'il étoit, il se vit recherché et fêté. Le vertueux maréchal de Mouchy l'envoya chercher dans son humble asile, et le présenta à toute la famille de Noailles, qui lui témoigna toujours depuis le plus tendre intérêt.

Les nouveaux amis de l'abbé de Boulogne se réunirent pour solliciter l'archevêque de Paris en sa faveur; on le pressoit de lever l'interdit, ou du moins d'expliquer les motifs d'une si longue disgrâce. Le prélat ne céda point encore à ces instances, et exigea que l'abbé de Boulogne allât demeurer dans la communauté de MM. de Saint-Lazare. Celui-ci répugnoit à se soumettre à une condition qui lui paroissoit humiliante; le désir de triompher des préventions du prélat le détermina pourtant à obéir, et il se rendit à Saint-Lazare vers la fin du carême de 1781. M. de Beaumont étoit déjà malade de la pierre, et le vertueux mais sévère prélat fut enlevé le 12 décembre suivant, des suites d'une opération cruelle. Son successeur, M. de Juigné, s'empressa de rendre M. de Boulogne à la chaire, et l'encouragea même à suivre cette carrière. Peu après, M. de Clermont-Tonnerre, nommé évêque de Châlons à la place de M. de Juigné, engagea l'abbé de Boulogne à venir avec lui dans son diocèse comme son grand-vicaire, et lui promit le premier canonicat vacant dans sa cathédrale. Le prélat fut sacré le 14 avril 1782, et partit quelques jours après avec son grand-vicaire. Il fut convenu que celui-ci partageroit son séjour entre Châlons et Paris, et continueroit le ministère de la chaire, pour lequel il se sentoit un attrait d'autant plus vif, que, pendant plusieurs années, sa disgrâce l'avoit empêché de s'y livrer.

L'abbé de Boulogne, de retour à Paris au bout de quelques mois, fut désigné par le duc de Nivernois, alors directeur de l'Académie française, pour prêcher devant cette compagnie le panégyrique de saint Louis. Cette nomination ne put avoir lieu, par une méprise, dont, dit M. de Boulogne dans sa notice, il est inutile de rendre compte. A défaut de l'Académie française, l'orateur prêcha son discours, le 25 août 1782, dans l'église de l'Oratoire, devant les Académies réunies des sciences et des belles-lettres. L'effet en fut très-flatteur, et plusieurs fois les académiciens, malgré la sainteté du lieu, battirent des mains. Outre le mérite du style, ils étoient charmés de certaines maximes assez analogues au goût dominant de ce temps-là, par exemple, que *le peuple seul a des droits, et que les rois n'ont que des devoirs.* M. de Boulogne regrettoit depuis d'avoir livré son panégyrique à l'impression, sans avoir corrigé cette phrase et quelques autres, où, selon lui-même, il y avoit plus de hardiesse et d'éclat que de justesse et de vérité. Mais si le premier point, où se trouvoient ces passages, plut beaucoup à un auditoire un peu philosophe, le second, où les philosophes étoient assez mal menés et les croisades justifiées hautement, choqua les oreilles superbes des académiciens. Leur mécontentement éclata surtout pendant le morceau où l'orateur répondoit aux détracteurs des siècles passés, et aux admirateurs des lumières modernes; et d'A-lembert, qui étoit présent, dit, à ce qu'on assure, que l'orateur méritoit un évêché pour le premier point, et la Bastille pour le second : propos qui n'étoit pas très-tolérant, mais qui étoit assez conforme au caractère du secrétaire perpétuel, tel qu'il s'est dépeint dans sa correspondance avec Voltaire (1).

(1) *Voyez* dans la note 1re, à la fin de la Notice, le jugement de quelques contemporains sur ce discours.

Le succès de ce panégyrique attira l'attention du cardinal de Rohan, grand-aumônier, qui nomma l'abbé de Boulogne pour prêcher la Cène devant le Roi, en 1785. L'orateur prit pour sujet l'excellence de la charité chrétienne. La maréchale de Mouchy, qui s'intéressoit à lui, souhaita qu'il lût son discours devant une assemblée choisie, où se trouvoit, entr'autres, l'abbé de Radonvilliers, de l'Académie française, et ancien sous-précepteur du Roi. Cet abbé, doué d'un bon esprit et d'un goût sûr, fit à l'orateur quelques observations fort sages, et lui apprit à se défier de quelques expressions alors à la mode, et trop favorables aux opinions qui dominoient dans la société. Le sermon de la Cène se prêchoit dans la salle des gardes, où l'on dressoit une chaire roulante, et une table pour les douze pauvres enfans que le Roi servoit, après leur avoir lavé les pieds. Les princes, les grands-officiers de la couronne et tous les seigneurs de la cour assistoient à cette imposante cérémonie, une des plus touchantes et des plus honorables pour la religion. M. de Boulogne parut avec assurance devant un auditoire si nouveau pour lui, et le Roi, après l'avoir entendu, se montra satisfait, et dit au grand-aumônier qu'*il falloit faire prêcher ce jeune prêtre;* c'est que M. de Boulogne, quoique âgé de trente-six ans, paroissoit plus jeune que son âge. On lui donna, à l'occasion de son discours, une pension de 2000 fr. sur l'archevêché d'Ausch, et le cardinal de Rohan le désigna le jour même pour prêcher, dans trois ans, le Carême devant le Roi;

mais sur les représentations de M. de Boulogne, que trois ans lui paroissoient trop courts pour le travail que demandoit un Carême entier à prêcher dans la chapelle de Versailles, le grand-aumônier lui accorda une année de plus, et le retint pour 1787.

La pension de 2000 francs venoit à propos pour tirer l'abbé de Boulogne d'une position difficile. Son aisance s'accrut l'année suivante par sa nomination à un canonicat de la cathédrale de Châlons; une place d'archidiacre vint à vaquer dans le même temps, et l'évêque l'en pourvut encore. Le prélat avoit voulu qu'il logeât dans son palais, et cependant il le dispensoit des fonctions de grand-vicaire, et lui laissoit tout le temps de préparer sa station de la cour.

En 1785, le clergé de France tint à Paris son assemblée générale qui revenoit tous les dix ans; il étoit d'usage qu'il célébrât avec pompe la fête de saint Augustin, qu'il regardoit comme son patron. Un ecclésiastique du second ordre prêchoit le panégyrique du saint docteur; c'étoit l'abbé de Beauvais, depuis évêque de Senez, qui l'avoit prêché en 1765, et l'abbé Maury, depuis cardinal, en 1775. L'archevêque de Narbonne, M. de Dillon, président de l'assemblée, chargea l'abbé de Boulogne du discours. Celui-ci l'avoit à peine terminé la veille de la fête, et ne l'avoit point appris entièrement; cependant il le prononça tout d'une haleine, et sans avoir besoin de recourir à son cahier; de sorte, disoit-il, que le discours que j'ai le mieux su et le mieux dit

de ma vie, c'est celui que j'avois le moins appris et
que je devois savoir le moins.

L'usage est que les prédicateurs qui doivent remplir quelque station à la cour prêchent l'année d'auparavant dans l'église des Quinze-Vingts, maison
royale fondée par saint Louis. M. de Boulogne y
prêcha donc le Carême en 1786; mais il ne put re-
faire tous ses sermons, et fut obligé de donner quelques-uns de ceux qu'il avoit composés dans sa jeunesse, et dont il étoit peu satisfait. Il les retravailla
pour le Carême de 1787, et commença sa station le
jour de la Chandeleur, suivant l'usage, après avoir été
présenté au Roi. C'est en 1787 que se tint la première
assemblée des notables, triste prélude de nos orages
politiques. Cette assemblée eut lieu pendant tout le
Carême, et ne tenoit point de séances le dimanche;
les notables en profitoient pour assister au sermon
de la cour : ils y vinrent surtout en grand nombre
le dimanche des Rameaux, et les princes et seigneurs
n'y manquèrent point; car on ne se dispensoit point
encore alors des offices de la semaine sainte. M. de
Boulogne, qui l'avoit prévu, avoit réservé pour ce
jour un discours tout-à-fait applicable à la circonstance : c'étoit une espèce de politique sacrée, où il
montroit combien la religion est nécessaire aux États,
et combien l'irréligion leur est funeste. L'endroit surtout où il présentoit l'impiété comme fatale aux rois
et sapant leur trône, fit diverses impressions, suivant la disposition des auditeurs; les uns crièrent à
l'intolérance et au fanatisme, les autres à l'exagéra-

tion. Le grand aumônier reprocha vivement à l'orateur de ne lui avoir pas montré son discours, et celui-ci répondit franchement qu'il s'en étoit bien donné de garde, parce qu'il prévoyoit qu'on l'auroit empêché de dire tout ce qu'il vouloit. Ses amis et ses protecteurs furent alarmés pour lui; le Roi seul ne parut point mécontent : mais les sinistres prédictions de l'orateur se perdirent dans les airs, et l'on continua de marcher à grands pas vers une révolution que tout favorisoit à l'envi.

Le Carême de Versailles finissoit le jour de Pâque, et ce jour-là le prédicateur faisoit un compliment au Roi. L'abbé de Boulogne prêcha sur l'immortalité de l'ame; son compliment au Roi fut remarqué, et le soir, au cercle de la cour, un seigneur, qui sans doute vouloit paroître plus habile qu'il n'étoit, s'avisa de dire que ce compliment étoit à peu près le même que celui de Bourdaloue à Louis XIV, dans une semblable circonstance. *Pour le coup*, dit le Roi, *nous allons le savoir; car j'ai Bourdaloue dans ma poche* (1). Il lut donc le compliment fait à Louis XIV, et qui ne ressembloit nullement à celui qu'on avoit entendu quelques heures auparavant.

Le grand aumônier retint encore M. de Boulogne pour le Carême de 1792; disposition que les évènemens devoient déranger, car il n'y eut point de station cette année-là. En 1788, on tint à Châlons une

____

(1) Louis XVI faisoit ses pâques le lundi saint, et c'étoit sans doute pour s'y préparer qu'il lisoit Bourdaloue.

assemblée provinciale pour la Champagne, et on pria l'abbé de Boulogne de faire le discours d'ouverture; il prêcha le sermon qui avoit fait tant de bruit à Versailles le dimanche des Rameaux. L'archevêque de Reims, M. de Talleyrand, depuis cardinal, présidoit l'assemblée; il goûta fort le discours, félicita l'orateur de son zèle, et écrivit même en sa faveur à l'évêque d'Autun, M. de Marbeuf, ministre de la feuille. Un mois après, l'abbé de Boulogne fut nommé à l'abbaye de Tonnay-Charente, au diocèse de Saintes; cette abbaye valoit 4000 fr. de rente.

En 1789, il prêcha, le 9 avril, le sermon de la Cène devant la Reine. Les États-généraux alloient s'assembler, et on étoit à la veille d'une grande crise; tous les systèmes avant-coureurs de l'orage apparoissoient sur l'horizon. Il y avoit eu le matin même un sermon prononcé devant le Roi pour la même cérémonie, et le prédicateur avoit pris pour texte ce verset du *Magnificat : Deposuit potentes de sede, et exaltavit humiles* (1). On eut la bonté d'entendre jusqu'au bout l'orateur qui osoit débuter par une si audacieuse allusion aux bouleversemens qui se préparoient. Le sermon de l'abbé de Boulogne fit contraste avec celui du matin, et renfermoit des morceaux bien frappés sur les devoirs du peuple et des pauvres, et sur cette égalité que l'on commençoit alors à rêver : mais que pouvoient de vaines paroles

(1) Quel étoit ce prédicateur? La *France ecclésiastique* de 1790 nomme comme ayant prêché le sermon de la Cène en 1789 l'abbé de La Boissière, grand-vicaire de Valence.

contre les efforts réitérés d'un parti dont l'audace croissoit de plus en plus?

Nommé député ecclésiastique de la paroisse de Saint-Sulpice à l'assemblée bailliagère de Paris, l'abbé de Boulogne y suivit les mêmes principes qu'en chaire, et demanda la conservation des privilèges du clergé. Quelques-uns lui reprochoient d'être exagéré, et M. de Juigné, archevêque de Paris et président de l'assemblée, prélat doux et pacifique, l'engageoit à réprimer sa vivacité; mais cette vivacité prenoit sa source dans une trop juste prévoyance des maux à venir. Les tristes pressentimens qui agitoient M. de Boulogne paroissent dans un mandement qu'il composa pour M. l'évêque de Châlons, afin d'ordonner des prières publiques à l'occasion des États-généraux. Ce mandement étoit destiné à calmer l'exaltation des esprits par les conseils de la sagesse, et mérita d'être dénoncé par Mirabeau, dans un journal. Au milieu de ces troubles, l'abbé de Boulogne avoit composé un panégyrique de saint Vincent de Paul, et il devoit le prononcer dans l'église même de Saint-Lazare, le 19 juillet 1789, jour de la fête du saint; mais le pillage de cette maison, le 13 juillet, la prise de la Bastille et les mouvemens tumultueux auxquels la capitale fut en proie pendant plusieurs mois, empêchèrent la solennité, et le panégyrique ne fut prononcé que bien des années après.

II° PARTIE.

DEPUIS LA RÉVOLUTION JUSQU'AU TEMPS OU M. DE BOULOGNE DEVINT ÉVÊQUE.

La constitution civile du clergé ayant supprimé le siège de Châlons, et établi une nouvelle circonscription des diocèses, M. de Clermont-Tonnerre publia une *Lettre pastorale*, datée du 14 janvier 1791 (1), pour réclamer ses droits et ceux de son église. Nous avons lieu de croire que cette *Lettre pastorale*, qui est de vingt-quatre pages in-8°, est du grand-vicaire du prélat, ainsi qu'une *Instruction pastorale et Ordonnance*, datée du 28 juillet 1791, et qui combattoit les innovations de l'assemblée constituante. Ces deux pièces semblent porter le caractère du style de l'abbé de Boulogne; et il est probable que son évêque, alors embarrassé d'autres affaires, et obligé d'assister aux séances de l'assemblée, l'aura prié de tenir la plume à sa place. Le même prélat le sollicita de l'accompaguer lorsqu'il quitta la France; M. de Boulogne répugnoit à s'expatrier, et se flattoit d'échapper à la persécution. Il se repentit plus d'une fois par la suite, dit-il, d'une détermination qui pouvoit avoir de si graves conséquences; mais alors les circonstances ne lui permet-

(1) Elle porte pour date 14 *janvier* 1790; mais c'est une faute d'impression, puisqu'il y est fait mention des nouveaux décrets et de l'*Exposition des principes*, qui sont d'une date postérieure.

toient plus de sortir de France, et ce fut pour lui une nécessité de se résigner à subir les évènemens.

Le 10 août 1792, le bruit du canon ayant averti l'abbé de Boulogne des mouvemens qui se préparoient, il en prévit les suites, et quitta son logement rue des Quatre-Vents, pour aller se réfugier chez un ami qui lui avoit promis un asile en cas d'évènement. Bien lui en prit, car la nuit suivante on vint pour l'arrêter; et comme il eut lieu de craindre qu'on n'eût bientôt connoissance de sa retraite, il accepta l'offre que lui fit un médecin qui tenoit une maison de santé à Gentilly, d'y venir comme malade et d'y passer les jours d'orage. Le difficile étoit de sortir de la barrière, où l'on examinoit alors avec beaucoup de sévérité tous ceux qui entroient et sortoient; heureusement on ne lui demanda point son passeport. Arrivé dans la maison de santé, il se mit en apparence au même régime que les malades, recevant les remèdes qu'on lui apportoit, et les jetant ensuite par la fenêtre, prenant les bains, jouant enfin le malade de son mieux. On venoit sous ses fenêtres crier les journaux, comme cela se pratiquoit alors, et il crut un jour entendre distinctement : *Arrestation de l'abbé Lenfant;... on est à la poursuite de l'abbé Boulogne;* cri, dit-il naïvement, qui lui fit passer quelques mauvaises nuits. Le 1er septembre, le son du tocsin annonça quelque évènement sinistre; et en effet, on apprit bientôt le massacre des prêtres aux Carmes, à l'Abbaye, à Saint-Firmin. On disoit que les auteurs de ces atrocités

devoient aller à Bicêtre pour y chercher encore de
nouvelles victimes; et comme la maison où l'abbé
de Boulogne étoit caché se trouvoit sur leur chemin,
il jugea prudent de se retirer dans une autre maison
de santé à Montrouge. Cette maison étoit destinée à
traiter les aliénés, et l'abbé de Boulogne y entra sous
le nom de M. Martin. Au bout de deux mois, la capitale étant un peu moins agitée, le prétendu malade revint à Paris, et rentra dans son domicile, où
on avoit mis les scellés; le juge de paix vint les lever,
et félicita M. de Boulogne d'avoir échappé à une si
terrible crise.

Ce calme apparent dura peu : à la fin du carême
de 1793, on fit dans toute la section des visites do-
miciliaires; elles furent si subites et si imprévues,
qu'on entra chez l'abbé de Boulogne sans qu'il s'en
doutât. On le conduisit au séminaire Saint-Sulpice,
où la section du quartier tenoit ses séances. Beaucoup d'autres personnes y étoient amenées successivement. Pendant qu'on en interrogeoit quel-
ques-unes, l'abbé, trouvant un moment favorable,
s'esquiva sans être vu de la première sentinelle, et
passa fièrement à côté de la seconde, comme s'il
eût été élargi. Il se retira sur la section voisine, dite
des Thermes, où les prêtres n'étoient pas encore in-
quiétés. Les chefs de cette section lui promirent protection, et refusèrent de le livrer à la section de
Saint-Sulpice, qui le réclamoit. Au bout de trois ou
quatre mois nouvelle crise; les chefs de la section
des Thermes furent éconduits, et on forma des co-

mités révolutionnaires chargés de poursuivre les no-
bles, les prêtres et les autres ennemis de la répu-
blique. Ces comités s'acquittèrent dignement de cette
tâche. On vint arrêter l'abbé de Boulogne, et on le
conduisit au comité, où il trouva le vieux curé de
Saint-Benoît, l'abbé Brocas, qui avoit refusé le serment et qui avoit aussi été arrêté. On les tint trois
jours et trois nuits sans les interroger, le comité,
disoit-on, n'en ayant pas le temps; ils furent obligés
de faire venir des matelas pour se coucher. Le bon
curé étoit malade, et si foible qu'il ne pouvoit se
rendre les soins les plus nécessaires (1). Son com-
pagnon de captivité fit pour le respectable vieillard
l'office d'un garde-malade attentif et empressé.

Au bout de trois jours, le comité daigna donner
audience à l'abbé de Boulogne : on le fit comparoître
dans une salle où les membres du comité étoient
réunis; le président lui demanda s'il n'avoit pas *été
le prédicateur du tyran*; ce titre effraya beaucoup
l'abbé, et le danger lui inspira l'apologie qui suit :
« Si par là, dit-il, vous entendez un vil flatteur du
prince et des grands, un homme qui ne leur parloit
jamais de leurs devoirs ni des droits des peuples,
et qui leur cachoit leurs obligations envers les pauvres et les malheureux, vous vous tromperiez étran-
gement. Je puis du moins répondre de moi, et j'ai
poussé à cet égard le courage si loin, que mes protecteurs et mes amis en étoient souvent alarmés. Si

(1) On avoit tellement dépouillé ce digne pasteur, qu'il fut forcé d'aller
à l'Hôtel-Dieu pour s'y faire soigner, et il y mourut quelque temps après.

la cour m'avoit cru, tous les abus auroient été ré-
formés, toutes les folles dépenses proscrites ; le peuple
auroit été heureux, et nous n'aurions pas eu de révolution. Non-seulement j'ai exposé aux yeux du
prince et des courtisans le tableau des misères publiques, j'en faisois aussi le principal objet de mes
sermons dans les chaires de la capitale. Je prêchois
toutes les années à la fin du Carême dans les assemblées de charité pour les prisonniers, pour les enfans trouvés et autres établissemens de bienfaisance ;
c'est donc à mon zèle que les malheureux de tous
les genres devoient leur soulagement, et c'est celui
qui faisoit un si bon usage de son talent, que vous
voudriez envoyer à la mort ! Non, il n'en sera pas
ainsi, tout me répond de votre justice ; je lis mon
absolution dans tous vos yeux, si toutefois on a besoin d'absolution quand on n'a jamais fait que son
devoir, et qu'on a dit avec force la vérité toute sa
vie, au risque de compromettre son repos et sa for-
tune. »

Ce discours, que M. de Boulogne abrège dans sa
notice, et que nous avons encore réduit, fut prononcé avec feu ; l'orateur étoit ému et le moment
étoit décisif. Ses auditeurs furent touchés ; on demanda à l'abbé s'il avoit un certificat de civisme, et
comme il répondit que non, le président lui dit qu'on
alloit lui en délivrer un, qu'il le signeroit avec beaucoup de plaisir, et que si on venoit à l'inquiéter, il
trouveroit au comité des protecteurs zélés. Le certificat lui fut en effet délivré, mais il falloit qu'il fût

visé à la *commune*. Cette formalité n'étoit pas sans
danger. Comment aller à l'Hôtel-de-Ville, décliner
publiquement son nom, soutenir un examen devant
tout le conseil assemblé? M. de Boulogne se décide à
franchir un pas si dangereux; il se rend à l'Hôtel-de-
Ville, et y trouve une foule de gens qui venoient pour
le même objet. On prend leurs noms pour les faire
passer chacun à leur tour. Un procureur, qui est appelé, est dénoncé comme un aristocrate par un membre du conseil, saisi par les gendarmes et mené en
prison. Cet exemple intimide M. de Boulogne, qui
retourne au comité; on le rassure, on l'engage à se
présenter de nouveau le lendemain, et deux membres
du comité promettent d'aller à la *commune* parler en
sa faveur. Ils y allèrent en effet, répondirent de lui,
et son certificat fut visé sans autre interrogatoire. Il
sortit avec cette pièce importante, qui devint sa sauve-
garde pendant plusieurs mois. Il logeoit alors dans
la rue Saint-Jacques, non loin du collége Louis-le-
Grand, transformé en prison. Toutes les nuits on
amenoit des prisonniers, et tous les matins on en faisoit sortir d'autres pour les conduire à la concier-
gerie, et de là à l'échafaud; les victimes passoient
sous les fenêtres de M. de Boulogne, et les images
de la mort l'obsédoient à chaque instant.

C'est dans ces angoisses qu'il passa la plus grande
partie du temps de la terreur. Le 26 juillet 1794,
veille de la chute de Robespierre, il rentroit chez
lui à dix heures du soir, lorsqu'il trouva à sa porte
des commissaires et des soldats qui l'attendoient. Un

de ces commissaires étoit celui de la section de Saint-
Sulpice, que M. de Boulogne avoit quittée un an auparavant; il étoit venu le dénoncer dans sa nouvelle
section, et le réclamer comme un conspirateur, et
ceux qui lui avoient promis tant d'intérêt et de protection l'avoient abandonné dans le danger. Les commissaires montèrent avec lui dans sa chambre et visitèrent tous ses papiers; on le conduisit, vers minuit,
à la prison des Carmes, dans celle-là même où
avoient eu lieu les massacres de septembre. On étoit
alors au plus fort de la terreur; tous les jours, soixante
ou quatre-vingts têtes tomboient sous la hache ré-
volutionnaire, et on venoit d'organiser des commissions populaires pour visiter les prisons et expédier
les suspects; mais elles n'eurent pas le temps de se
mettre en activité. Il y avoit aux Carmes environ
trois cents prisonniers de toutes les classes; ils n'ap-
prirent pas tout de suite la chute de Robespierre, le
concierge eut grand soin de la leur cacher, et ce ne
fut qu'au bout de huit jours qu'ils en connurent les
détails. Cette nouvelle causa parmi eux la plus grande
joie, sans adoucir d'abord leur sort. On avoit mis
M. de Boulogne dans une chambre avec deux ja-
cobins qui blasphémoient toute la journée, et on le
faisoit manger à la gamelle avec des scélérats sortis
de Bicêtre. Cependant parut un décret de la Convention qui mettoit en liberté les détenus, avec certaines conditions. Les prisonniers sortirent peu à
peu, suivant qu'ils étoient plus ou moins protégés.
M. de Boulogne ne fut élargi que le 7 novembre,

après trois mois et trois semaines de prison; il bénit
la Providence qui avoit permis qu'il ne fût arrêté
que la veille de la chute d'un horrible oppresseur;
quinze jours plus tôt son nom eût peut-être grossi
la liste des victimes.

En 1795, la Convention parut revenir à des idées
de modération et de tolérance; beaucoup de prêtres
sortirent de prison, des églises furent rouvertes,
des évêques même exercèrent leurs fonctions en
secret; les Constitutionnels profitèrent aussi de cette
liberté, et publièrent des encycliques pour essayer
de relever leur église. Leur deuxième encyclique,
du 15 décembre 1795, contenoit une sorte de nouveau code, par lequel on vouloit remplacer la constitution civile du clergé. Ce règlement, où des idées
bizarres étoient mêlées à des principes sains, fut
l'objet d'une brochure piquante que l'abbé de Boulogne publia sous le titre de *Réflexions adressées
aux soi-disant évêques signataires de la deuxième
encyclique*, Paris, chez Le Clere, 1796, in-8° de qua-
rante-trois pages : ces *Réflexions* sont suivies d'une
*Réponse au citoyen Lecoz, évêque, s'il le veut, d'Ille-
et-Vilaine, sur la rétractation de son confrère Pa-
nisset;* le tout forme soixante-six pages. Le genre
de ces écrits, la verve et le sel qui y étoient répan-
dus, un mélange heureux de raisonnement et de
plaisanteries, indiquèrent dans l'auteur un talent qui
pouvoit être utile au milieu de tant d'ennemis dont
la religion étoit entourée. On avoit commencé à faire
paroître, en janvier 1796, un journal sous le titre

d'*Annales religieuses, politiques et littéraires*; ce journal étoit rédigé par l'abbé Sicard, instituteur des sourds-muets, et par l'abbé Jauffret, qui devint depuis évêque de Metz. Mais l'un et l'autre, étant livrés à d'autres travaux, furent bien aises de s'adjoindre l'abbé de Boulogne; il consentit à donner quelques articles, et, à partir du n° 19, il devint seul rédacteur du journal, auquel il fit prendre le titre d'*Annales catholiques*, pour empêcher qu'on ne le confondît avec les *Annales de la religion*, que rédigeoient les Constitutionnels, et qui s'imprimoient chez un d'eux, Desbois, évêque de la Somme. Les numéros étoient signés tantôt *Dracis*, anagramme de Sicard, tantôt *Boulogne et Sicard*; mais l'abbé de Boulogne en étoit l'unique auteur, et à l'exception du premier volume et de la première moitié du second, le journal est son ouvrage. Ce recueil eut un grand succès; un attachement constant aux saines doctrines en religion et en littérature, de bons articles sur les livres qui paroissoient, des réfutations très-piquantes des écrits des Constitutionnels, des morceaux pleins de chaleur en faveur de la religion et contre l'incrédulité, un style ferme, des réclamations vigoureuses contre les persécuteurs; enfin un heureux choix de matières firent des *Annales* un dépôt précieux pour l'histoire de l'église de France à cette époque. L'auteur osa même attaquer un homme alors tout-puissant, et, dans son quarante-unième numéro, tome IV, page 145, il analysa, de la manière la plus vive et la plus piquante, un dis-

cours que Revélière-Lépaux avoit prononcé devant
l'Institut, et qui étoit une insulte directe contre les
croyances et les pratiques de la religion. Le doux
théophilantrope lui en garda rancune. Après la journée du 18 fructidor (4 septembre 1797), les *Annales catholiques* (1) furent supprimées, et les auteurs et imprimeur condamnés à la déportation.
M. de Boulogne se cacha dans Paris; il s'étoit mé-
nagé dans son logement un asile pour se soustraire
aux recherches, mais on n'y fit pas de visites do-
miciliaires.

Dans l'intervalle de paix qui précéda cette crise,
l'abbé de Boulogne étoit monté quelquefois en chaire
dans les églises ou oratoires qu'on avoit pu rouvrir.
Il prêcha entr'autres dans l'église des Minimes, le
19 juillet 1797, le sermon sur la Providence, auquel il avoit joint un beau morceau en l'honneur
de saint Vincent de Paul, dont on célébroit la fête
ce jour-là. L'affluence étoit très-considérable, et ce
morceau d'éloquence produisit une vive impression
au sortir d'une longue persécution, et dans un temps
où presque tous les talens étoient proscrits et presque toutes les chaires muettes. Pendant tout le règne
du Directoire, l'orateur et le journaliste furent également condamnés au silence; une circonstance pourtant engagea l'abbé de Boulogne à risquer quelque

(1) Les *Annales religieuses* ou *catholiques* duroient depuis vingt mois;
elles forment 3 volumes in-8° de près de 600 pages, et il y a de plus
240 pages du IV° volume. Le dernier numéro est du vendredi 1ᵉʳ septembre, trois jours avant la révolution du 18 fructidor.

écrit. Royer, évêque constitutionnel de l'Ain, s'étant fait transférer à Paris le 15 août 1798, au moyen d'un simulacre d'élection, s'avisa de publier une lettre pastorale comme métropolitain. L'habile critique disséqua cette pastorale dans une *Lettre d'un paroissien de Saint-Roch à J.-B. Royer, se disant évêque métropolitain de Paris*, in-8° de 39 pages. Quoiqu'il eût essayé de déguiser son style, on put le reconnoître à sa manière vive et pressante, et au sel dont il savoit assaisonner ses plaisanteries.

L'interruption des *Annales* dura pendant tout le reste du règne du Directoire, et ce ne fut qu'après la révolution du 18 brumaire, ou 9 novembre 1799, que les prêtres et les journalistes proscrits purent reparoître. M. de Boulogne recommença son journal dans les premiers jours de janvier 1800, sous le titre d'*Annales philosophiques, morales et littéraires*, et le continua, malgré quelques traverses, jusqu'à la fin de 1801; on étoit quelquefois obligé de changer de titre, et plusieurs cahiers sont intitulés : *Fragmens de littérature et de morale*. On trouve dans cette suite des *Annales* des morceaux remarquables sur des personnages et des écrits du temps, sur Lalande, Volney, Bourgoing, etc. L'auteur s'égaie encore quelquefois sur les Constitutionnels, et sur les démarches et les écrits de ce parti. L'abbé Bourlet de Vauxcelles, le baron de Sainte-Croix, l'abbé Émery, supérieur de Saint-Sulpice (1), fournis-

_____

(1) Les articles qui sont de M. Émery, dans les *Annales philosophiques,*

soient quelquefois des articles, et l'abbé Guillon, qui
avoit travaillé aussi aux *Annales catholiques*, et qui
est mort depuis chanoine d'Agen, secondoit le rédacteur principal. L'approche du concordat sembloit
promettre encore plus d'intérêt à ce journal, lorsqu'on le supprima tout à coup, sous prétexte qu'il
pouvoit alimenter les partis; et ce qui montre l'inconséquence et la partialité du ministre de la police, c'est qu'on laissa continuer les *Annales de la
religion*, rédigées par les Constitutionnels, lesquelles
étoient bien plus propres sans doute à fomenter l'esprit de trouble, et à perpétuer les divisions. Les *Annales philosophiques* forment trois volumes entiers,
et dix-sept feuilles du quatrième.

Tant que les *Annales* subsistèrent, les journaux
les plus connus alors par leur attachement aux principes de la religion et d'une saine littérature ne faisoient aucune difficulté d'en copier les articles les plus
piquans; et de son côté, dans les intervalles où les
Annales étoient suspendues, l'abbé de Boulogne four-
nissoit volontiers des articles à la *Quotidienne*, à la

---

sont, tome Ier, page 155, sur le bref du 16 janvier; page 161, sur la réunion de l'église russe; page 285, une lettre sur le mélange du culte dans
les églises; page 464, une réponse sur les mariages; et page 503, un morceau sur les anecdotes de Fleury. Dans le tome II, des observations sur
une maxime de saint Augustin, page 13; trois articles sur M. de Luc,
et des observations sur les droits des chapitres, page 506. Dans le tome III,
il fournit la notice de M. de Gaumont, et un article sur la réception du
concile de Trente. Dans les *Annales littéraires*, il y a de M. Emery un
article des nouveaux chapitres, tome II, page 231; sur les Lettres d'Euler,
tome III, page 465, et des observations sur la Lettre d'un théologien à
M. Duvoisin, tome IV, pages 193 et 481.

Gazette de France, à l'*Europe littéraire*, et surtout au *Journal des Débats*, qui à cette époque soutenoit les bonnes doctrines. Ses articles, dans ce dernier journal, étoient signés de la lettre X; on les a réunis dans le *Spectateur français au XIXe siècle*, recueil publié par M. Fabry, et qui parut de 1805 à 1812, en douze volumes in-8°. On trouve à la table, dans le dernier volume, l'indication de près de quarante articles fournis par M. de Boulogne; seulement l'éditeur lui en a attribué, par mégarde, quelques-uns qui ne sont pas de lui, tels que ceux du tome VIII, page 51, et tome IX, page 8. Un choix de ces articles paroîtra dans les *Mélanges*, qui doivent terminer la présente édition.

La réputation que l'auteur s'étoit acquise, et les services qu'il avoit rendus par son journal, auroient dû, ce semble, faire songer à lui pour l'épiscopat; toutefois il ne fut point compris dans la promotion qui suivit le concordat de 1801 (1), et il se seroit trouvé sans place, si M. l'évêque de Versailles ne s'étoit empressé de le nommer à un canonicat de sa cathédrale. Le même prélat lui donna peu après des lettres de grand-vicaire. L'abbé de Boulogne se partageoit entre le séjour de Versailles et celui de Paris; il reparut dans les chaires, privées si long-temps de sa présence. La révolution lui avoit fait perdre quelques-uns de ses sermons; il retoucha plusieurs de ceux qui étoient dus à sa première jeunesse, et en composa de nouveaux.

(1) On assure qu'il fut nommé chanoine honoraire de Paris, et qu'il refusa.

Son talent, mûri par l'âge et par l'étude, parut avoir
acquis une nouvelle vigueur; les leçons de la révolution surtout lui fournissoient des morceaux pleins
de force et de chaleur sur le besoin de la religion et
sur les déplorables résultats d'une fausse et vaine philosophie. Ses sermons sur la Charité chrétienne et
sur l'excellence de la Morale chrétienne appartien-
nent à cette époque, et furent entendus plusieurs fois
dans des occasions solennelles, ainsi que le panégyrique de saint Vincent de Paul, le sermon sur la
Providence, celui sur la Vérité, et quelques autres
que l'orateur répétoit plus volontiers, et qui attiroient
toujours la foule.

En 1805, il reprit son journal, interrompu depuis
dix-huit mois; cette suite avoit pour titre *Annales
littéraires et morales*; il en paroissoit, comme par le
passé, deux cahiers par mois, chacun de trois feuilles
d'impression; mais on s'aperçoit que l'auteur est plus
gêné : le système de gouvernement adopté par Buonaparte laissoit peu de latitude aux écrivains pério-
diques. Toutefois l'abbé de Boulogne faisoit encore
la guerre aux mauvaises doctrines : nous citerons en
ce genre un article sur l'édition de Montaigne, par
Naigeon; un autre sur l'ouvrage de Villers, touchant
l'influence de la réformation; un autre sur l'éloge de
Marmontel, par Morellet; enfin d'autres articles sur
Lalande, sur Pierre Blanchard, sur dom Labat, etc.
Le recueil fut plusieurs fois interrompu, et on chan-
geoit de titre de temps en temps; le quatrième volume est intitulé : *Annales critiques de littérature*

I.   c

et de morale. On fut forcé de cesser les livraisons au commencement de 1806; cette partie de la collection forme quatre volumes complets. Au mois de juillet suivant, le journal reparut sous le titre de *Mélanges de philosophie, d'histoire, de morale et de littérature;* c'étoit toujours le même esprit et le même format. Mais M. de Boulogne, qui désiroit jouir d'un peu de repos, ou peut-être pour se livrer davantage au ministère de la chaire, s'adjoignit un collaborateur, l'auteur des *Mémoires pour servir à l'Histoire ecclésiastique pendant le XVIIIe siècle.* Ils travaillèrent ensemble pendant quelque temps; toutefois l'auteur des *Mémoires* étoit chargé du plus grand nombre des articles (1). Les plus remarquables de ceux que fournit M. de Boulogne furent une Notice sur M. de Beauvais, évêque de Senez, pour mettre à la tête de ses Sermons, deux lettres sur Jean-Jacques, un article sur un discours de Chénier à l'Athénée, un autre sur le *Catéchisme de Vernes,* etc. Dès 1807, il abandonna entièrement la rédaction, et cessa même de diriger le journal; une autre carrière s'ouvroit devant lui, et d'autres travaux alloient l'occuper.

Buonaparte cherchoit alors à s'attacher tous ceux qui avoient quelque réputation; on lui proposa de faire l'abbé de Boulogne son chapelain, et il ac-

---

(1) Il n'y en a que cinq de M. de Boulogne dans le premier volume des *Mélanges,* savoir, aux pages 1, 210, 249, 385 et 529. Il y en a six dans le second volume, pages 49, 145, 241, 289, 404 et 481; quatre dans le tome III, pag. 97, 193, 369 et 529; et deux dans le tome IV, pag. 115 et 166. Tout le reste est de l'auteur des *Mémoires.*

cueillit cette idée. On croit que ce fut M. de Fon-
tanes qui lui parla un des premiers en faveur d'un
orateur dont il étoit digne d'apprécier le talent. De
plus, M. Émery avoit souvent recommandé son ami
au cardinal Fesch : M. de Boulogne hésita quelque
temps à la première ouverture qu'on lui en fit : il
lui en coûtoit de dépendre d'un homme dont il avoit
jugé la politique, et qu'il étoit peu accoutumé à ménager dans la liberté de ses entretiens particuliers.
Les instances et les politesses du cardinal triomphè-
rent de sa répugnance, il accepta le titre de chapelain, et fut présenté à l'Empereur et à l'Impératrice (1).
Quelque temps après, il prêcha pour l'ouverture de
l'église des dames de Saint-Michel (ancien couvent
de la Visitation, rue Saint-Jacques). Cette cérémonie se fit avec beaucoup de pompe : le cardinal Fesch
dit la messe; plusieurs évêques et le ministre des
cultes, Portalis, étoient présens. L'orateur prononça
son discours sur la Morale chrétienne, auquel il joi-
gnit un brillant exorde sur la circonstance.

Au mois de mars 1807, un décret, daté du camp
d'Osterode, nomma M. de Boulogne à l'évêché d'Acqui en Piémont. Cette nomination pouvoit paroître
une faveur d'autant plus grande, que les évêchés
du Piémont ayant conservé leurs biens, le siège
d'Acqui valoit 30,000 francs de rente. Toutefois

(1) M. de Boulogne dit dans sa Notice manuscrite que ce fut vers la
fin de juin 1807; c'est évidemment une erreur. Buonaparte étoit alors
absent. La nomination à la place de chapelain est de 1806, avant le départ de Buonaparte pour la campagne de Prusse et de Russie.

M. de Boulogne n'hésita point un instant à refuser :
il écrivit à Portalis une lettre pour lui exprimer sa
reconnoissance d'un tel choix, et en même temps
pour exposer les raisons de son refus, savoir : l'éloignement, la chaleur du climat, son ignorance de la
langue italienne, et conséquemment l'impossibilité
où il seroit de se faire entendre et de mettre à profit
ses travaux et son goût pour la prédication. Nous
avons sous les yeux sa lettre, qui est datée du 5 avril
1807 (1), et qui est aussi adroite que respectueuse :
toutefois Portalis, qui l'envoya à Buonaparte alors
en Prusse, craignoit que celui-ci n'en fût mécontent ;
mais les raisons de M. de Boulogne furent agréées,
et la capitale put jouir encore des talens d'un orateur si distingué. Le décret qui le nommoit à l'évè-
ché d'Acqui ne fut pourtant pas totalement sans effet ;
ce décret lui donnoit le titre d'aumônier, titre que
M. de Boulogne conserva, et qui lui assuroit un trai-
tement plus avantageux (2).

Un décret du 30 septembre 1807 convoqua un
chapitre général des établissemens de Sœurs de la
Charité et autres filles consacrées au service des pauvres. Ce chapitre devoit se tenir à Paris, dans l'hôtel
de la mère de Buonaparte ; le grand aumônier devoit y assister, et l'abbé de Boulogne en être secrétaire. Le but apparent de ce chapitre, dit celui-ci,
étoit l'amélioration de ces établissemens et les ré-

(1) Cette date rectifie la Notice manuscrite, qui met la nomination
à Acqui en mars 1808.
(2) La place d'aumônier valoit 10,000 fr.

formes qui pouvoient leur être utiles; mais dans le fond Buonaparte ne vouloit que faire un éclat et une parade, et mettre sa mère en avant. L'ouverture du chapitre se fit le 27 novembre; l'évêque de Verceil célébra une messe du Saint-Esprit, et l'abbé de Boulogne prononça un discours sur le but et l'utilité de cette réunion (1). Le nombre des députées étoit d'environ soixante, et elles restèrent assemblées environ trois semaines. Le résultat fut une adresse à l'Empereur, rédigée par le secrétaire; elle insistoit sur les vexations des administrateurs des hospices et sur les abus des comités de bienfaisance, et réclamoit pour les religieuses l'entière liberté de suivre leurs règles. Ces demandes n'eurent pas beaucoup d'effet, et le seul avantage de ce chapitre fut un décret du 5 février 1808, qui accorda des secours aux différentes congrégations d'Hospitalières (2).

(1) Ce discours se trouve dans les *Mélanges de philosophie*, tome IV, pages 115 et suiv.

(2) On a trouvé, dans les papiers de M. de Boulogne, une lettre qui paroit se rapporter à la même époque; elle étoit adressée au grand-maître de l'Université en faveur des Frères des écoles chrétiennes, et paroit avoir été rédigée pour M. le cardinal Fesch, qui est censé y parler. M. de Boulogne composa également pour ce cardinal un discours qui devoit être prononcé dans la cérémonie du mariage de l'Empereur, en 1810; mais Buonaparte changea d'avis, et le discours n'eut pas lieu. On a trouvé aussi dans les manuscrits de l'abbé de Boulogne une harangue à l'Impératrice, au nom du concile. Ce discours devoit être prononcé par le cardinal, après l'adresse à l'Empereur, rédigée par une commission du concile; la veille arriva un contre-ordre.

III° PARTIE.

JUSQU'A LA RESTAURATION.

M. de La Tour-du-Pin, évêque de Troyes, et ancien archevêque d'Ausch, étoit mort le 28 novembre 1807 (1), ayant gouverné trop peu de temps un diocèse où ses vertus aimables et sa piété douce lui avoient gagné tous les cœurs. Le 8 mars 1808, M. de Boulogne fut nommé à sa place; il se rendit chez le cardinal Caprara, pour le serment et les informations d'usage, peu de jours avant que ce cardinal eût reçu ordre de cesser toute fonction comme légat. Déjà Rome étoit envahie par les troupes françaises, et le Pape en butte à une persécution déclarée. Toutefois le saint Père n'avoit pu encore se résoudre à priver les églises de France des pasteurs dont elles avoient besoin. Il préconisa le nouvel évêque dans le consistoire du 11 juillet; seulement l'envoi des bulles ne fut point accompagné de la lettre à l'Empereur, suivant l'usage, et de plus, elles portoient le *motu proprio* qui n'est point reçu en France.

(1) Le siège de Troyes perdit en peu d'années deux évêques. M. Marc-Antoine de Noé, ancien évêque de Lescar, avoit été nommé à Troyes à l'époque de la publication du concordat, en avril 1802; il ne fit presque que paroître dans son diocèse, et mourut à Troyes le 21 septembre de la même année. Son éloge fut proposé au concours, à Troyes et à Auxerre. Son successeur fut M. Louis-Apollinaire de La Tour-du-Pin-Montauban, ancien archevêque d'Ausch; ce prélat, qui étoit né le 13 janvier 1744, ne gouverna que quatre ans le diocèse. Ce fut lui qui établit le séminaire de Troyes. On trouve une courte notice sur lui dans les *Mélanges de philosophie*, commencés par M. de Boulogne, tome III, page 517.

Elles souffrirent donc beaucoup de difficultés, et restèrent plusieurs semaines au conseil d'État, où quelques-uns étoient d'avis de les renvoyer à Rome. Cependant Buonaparte consentit à les admettre telles qu'elles étoient. Le nouvel évêque fut sacré le 2 février 1809, dans la chapelle des Tuileries; le consécrateur étoit le cardinal Fesch, grand aumônier, assisté des évêques de Versailles et de Gand, MM. Charrier de La Roche et de Broglie, qui l'un et l'autre étoient aumôniers; tous les cardinaux et évêques qui se trouvoient à Paris assistèrent à la cérémonie.

Le premier acte épiscopal du nouveau prélat fut une Lettre pastorale du 20 mars, à l'occasion de son entrée dans le diocèse. Cette Lettre pastorale est un monument de son zèle comme de son talent. Il y signaloit avec énergie l'esprit du siècle, cette indifférence fatale, cet orgueil, cet amour de l'indépendance, cette manie des systèmes, triste fruit des enseignemens de la philosophie et des habitudes de la révolution. Le 29 du même mois, le prélat fut installé dans son église cathédrale, et prononça un discours où il exprimoit éloquemment au clergé et au peuple ses sentimens et ses vœux; plusieurs fragmens de ce discours furent imprimés. Dès le mois de juin, il commença sa visite pastorale, et parcourut les deux départemens de l'Aube et de l'Yonne, car celui-ci dépendoit alors du même siège. Il ne fut pas reçu avec moins d'empressement à Sens et à Auxerre qu'à Troyes, administra la confirmation dans ces villes et dans plusieurs autres moins importantes, et adressa

souvent quelques exhortations aux fidèles. Nous di-
rons peu de chose de quelques Mandemens du prélat à l'occasion de victoires et d'autres évènemens
politiques : des passages de ces Mandemens ont été
reprochés à l'auteur et imprimés dans un recueil;
mais on a évité d'y citer des morceaux pleins de vérités fortes, auxquelles les éloges servoient en quelque
sorte de passeport. Il n'y a aucun de ces Mandemens
qui ne contienne quelque réflexion assez courageuse
pour le temps : ainsi, dans celui du 1er juin 1809, le
prélat, s'adressant à Dieu, s'exprimoit en ces termes
sur Buonaparte : « Dites-lui tout ce que les hommes
» ne peuvent pas lui dire; donnez-lui de surmonter
» toutes les passions comme il surmonte tous les
» dangers; faites-lui bien comprendre que la sagesse
» vaut mieux que la force, et que celui qui se dompte
» lui-même vaut mieux que celui qui prend des
» villes. » Ceux qui reprochent le plus à l'évêque de
Troyes d'avoir flatté Buonaparte eussent-ils osé eux-
mêmes tenir ce langage dans de tels temps et envers
un homme si chatouilleux ?

Le prélat étoit à peine revenu à Troyes, de retour de ses visites, qu'il fut mandé à Fontainebleau
vers la mi-novembre. On l'avoit choisi pour prêcher
à Notre-Dame le jour de l'anniversaire du sacre et de
la bataille d'Austerlitz. Il s'excusa vainement sur la
brièveté du temps, et étant retourné à Troyes, il s'y
enferma pour préparer son discours. Après l'avoir
achevé, il se mit en route pour Paris, où il arriva
le 1er décembre, avant-veille de la cérémonie. Le

lendemain, on l'obligea de montrer son discours à un personnage en crédit (1), qui trouva certains endroits trop hardis. « Je conçus dès-lors, dit l'évêque, combien ma position étoit critique, et quels risques je courois ou pour ma réputation, si j'étois foible, ou pour ma tranquillité, si j'étois fort; et j'achetai par quelques adoucissemens le droit de dire ce que je voulois. » La cérémonie fut fort pompeuse; l'Empereur se rendit en grand cortège à la métropole et prit place sur un trône dans le chœur. L'Impératrice, les rois de Naples, de Westphalie, de Saxe, de Wurtemberg, de Bavière, plusieurs autres princes souverains d'Allemagne, onze cardinaux, plusieurs évêques, tous les ambassadeurs, les ministres, les grands-officiers, le sénat, le conseil d'État, les cours souveraines, formoient un auditoire imposant par le nombre et la dignité des personnages. On avoit érigé pour l'orateur une chaire en face du trône : l'évêque de Metz célébra la messe, après laquelle l'évêque de Troyes prononça son discours, qui dura environ une demi-heure. Buonaparte l'écouta attentivement, et ne s'en montra point mécontent; mais, de retour au château, les adulateurs jetèrent les hauts cris : celui-ci se plaignoit de tel endroit, celui-là s'étonnoit de telle allusion; l'un trouvoit le discours trop hardi et presque séditieux, l'autre y découvroit l'ultramontanisme; ce qui étoit un grand grief dans un temps où le Pape étoit captif à Savone. Ces clameurs firent

(1) La Notice manuscrite de M. de Boulogne ne dit point quel étoit ce personnage.

leur effet, et le ministre des cultes, Bigot de Préameneu, écrivit à l'évêque pour lui demander des
explications. Sa lettre, qui a été retrouvée dans les
papiers de M. de Boulogne, est un monument curieux de la susceptibilité des flatteurs et de la foiblesse du ministre.

Paris, le 8 décembre 1809.

Monsieur l'évêque, veuillez m'envoyer, le plus promp-
tement qu'il vous sera possible, des réponses aux questions suivantes, concernant le discours prononcé, dans
l'église métropolitaine, le 5 décembre courant:

« Qu'entendoit l'orateur, lorsqu'il a dit qu'il falloit
» que la devise *une seule foi* fût placée sur le bouclier
» de l'Empereur? Entendoit-il qu'il falloit que Dieu
» convertît les Protestans et les Calvinistes? Mais alors
» qu'avoit-il besoin de s'adresser à l'Empereur, puisque
» le changement des consciences dépend de Dieu? Si tel
» étoit l'esprit de l'orateur, c'étoit à lui de prier Dieu
» pour la conversion des Protestans et des Calvinistes.

» Si telle n'étoit pas sa pensée, entendoit-il donc qu'on
» employât la violence et la persécution, et qu'on en
» vînt à une nouvelle Saint-Barthélemi?

» On désire que l'orateur s'explique sur ce point.

» Qu'entendoit-il par ces mots : *Obéir par nécessité?*
» N'a-t-il pas craint qu'on en induisît qu'il étoit d'avis
» que si la nécessité n'y étoit pas, on pouvoit désobéir?

» On désire encore que l'orateur s'explique sur ce
» point.

» Entendoit-il que l'unité de la religion étoit en dan-
» ger, qu'elle étoit attaquée? comment et par qui? En-
» tendoit-il par *unité* la souveraineté du Pape?

» Ce dernier point demande explication, comme les
» deux autres. »

Recevez, M. l'évêque, l'assurance de ma considération
distinguée.

Le ministre des cultes, comte de l'empire,

BIGOT DE PRÉAMENEU.

On croit rêver lorsqu'on lit de pareilles chicanes;
conclure de la devise *une seule foi* que l'évêque vouloit peut-être qu'*on en vint à une nouvelle Saint-
Barthélemi*, il faut avouer que c'est là une perspica-
cité peu commune! L'expression *obéir par nécessité*
étoit de saint Paul dans l'Épitre aux Romains, *neces-
sitate subditi estote*; mais les courtisans n'avoient
pas sans doute beaucoup lu ce grand apôtre. Enfin
le dernier grief étoit le plus grave dans les circonstances où on étoit alors; parler de l'unité de la religion, c'étoit évidemment, selon les flatteurs, faire
allusion aux brouilleries avec Rome et à la captivité
du Pape, et les courtisans prenoient ici Buonaparte
par son endroit sensible. Nous regrettons beaucoup
de n'avoir point retrouvé la réponse de l'évêque;
avec son caractère et son esprit, elle devoit être piquante. Nous savons seulement qu'on lui manda que
l'Empereur étoit satisfait de ses explications. Mais les
mauvaises impressions qu'on avoit inspirées contre
lui à Buonaparte ne s'effacèrent point, et une froi-
deur marquée l'avertit qu'il seroit aisé de le perdre
dans l'esprit d'un homme ombrageux.

Le Pape, depuis sa captivité à Savone, refusoit de donner des bulles aux évêques nommés par Buonaparte; plusieurs évêques lui écrivirent pour l'engager à pourvoir aux besoins des églises. Le 25 mars 1810, dix-neuf évêques, qui se trouvoient à Paris, lui adressèrent une lettre commune, qui avoit pour principal objet de solliciter des pouvoirs extraordinaires relativement aux dispenses de mariages. Cette lettre fut rédigée par l'évêque de Troyes, qui avoit proposé d'abord une première rédaction, mais on l'engagea à la changer, et nous avons trouvé dans ses papiers la lettre telle qu'elle fut adoptée. Dans ce brouillon, on lit cette phrase, qui, il faut le dire, renferme une sorte de menace assez peu convenable dans la circonstance : « Or cette église qui est devenue comme votre ouvrage, voudriez-vous, très-saint Père, l'abandonner à elle-même, en refusant de lui donner les évêques qu'elle réclame (pour vous en tenir à des formes non essentielles dont l'omission temporaire ne peut nullement compromettre ni les vrais intérêts du saint siège, ni les principes de la religion) (1), et la réduire ainsi à la triste nécessité et à l'extrémité fâcheuse de (pourvoir elle-même aux besoins des fidèles et à sa propre conservation) (2)? » Cette phrase, dans le brouillon que nous avons sous

(1) Ce qui est ici entre deux parenthèses n'est point dans la lettre, telle qu'elle se trouve citée dans les *Fragmens relatifs à l'Histoire ecclésiastique du dix-neuvième siècle* (par M. de Barral, archevêque de Tours), page 69.

(2) Dans les *Fragmens,* au lieu de cette parenthèse, il y a *discuter les moyens de pourvoir à sa propre conservation.*

les yeux, est écrite toute entière de la main de M. de
Boulogne et substituée à des ratures qui se trouvent
au même endroit. La même phrase se trouve dans
une copie mise au net et qui n'est point de son écriture, mais au haut de laquelle il a écrit : *Lettre
faite par moi, et envoyée telle qu'elle est ici* (1).
Nous ne saurions dire laquelle des deux copies a été
véritablement envoyée, ou celle que cite l'archevêque
de Tours dans ses *Fragmens* (2), ou celle que nous
trouvons dans les papiers de l'évêque de Troyes; mais
nous ne dissimulons pas que nous avons vu avec
étonnement dans ses manuscrits la phrase ci-dessus
rapportée. Son écriture et les ratures qui l'accom-
pagnent semblent indiquer que cette phrase est son
ouvrage; cependant, il faut avouer qu'elle n'est guère
conforme aux principes qu'il professoit, et au langage qu'il tenoit habituellement (3). Nous ajouterons

(1) Nous avons cru devoir insérer cette pièce dans les notes à la fin de
notre Notice; elle est l'ouvrage de M. de Boulogne, et a rapport à l'histoire ecclésiastique de ce temps. *Voyez* la note 2.

(2) *Voyez* le compte qu'on a rendu de ces *Fragmens* dans l'*Ami de
la Religion*, n° 76, tome III. Louis-Matthias de Barral, né à Grenoble
en 1746, fut d'abord coadjuteur, puis évêque de Troyes: après le concordat, il devint évêque de M-aux, puis archevêque de Tours. Il fut membre
des deux commissions ecclésiastiques nommées par Buonaparte en 1809
et en 1811, et fut envoyé deux fois par lui à Savone pour amener le Pape
à quelque arrangement. M. de Barral donna sa démission de son siège
en 1815, après le second retour du Roi, et mourut à Paris le 7 juin 1816.
Voyez une notice sur ce prélat dans l'*Ami de la Religion*, n° 377, tom. XV.

(3) Dans sa Notice manuscrite, M. de Boulogne dit : *On me fit mettre
quelques modifications à certains endroits, auxquelles je me rendis avec
quelque peine.* Nous n'avions point eu connoissance des manuscrits dont
nous venons de parler, quand nous avons fait sur cette lettre les réflexions que l'on trouve dans l'*Ami de la Religion*, tome III, page 372,
et auxquelles M. de Boulogne renvoie dans sa notice.

encore sur cette lettre, qu'elle fut communiquée à
l'Empereur qui l'approuva; elle n'a été rendue publique qu'en 1814.

Peu après cette lettre, l'évêque de Troyes retourna
dans son diocèse; le 16 juin, il fit une ordination
dans sa cathédrale, et prononça un discours dans
lequel il paraphrasa heureusement ces paroles de
l'Évangile : *Ite et vos in vineam meam.* Ce beau morceau fut imprimé dans le temps, et trouvera place
ailleurs. L'hiver suivant, une indisposition longue
et douloureuse empêcha le prélat de donner, à l'entrée du Carême, une instruction développée, ainsi
qu'il se le proposoit. Comme tous les hommes sincèrement attachés à la religion, il étoit alors doulou-
reusement affecté de la situation de l'Église. Les vues
d'un dominateur ambitieux n'avoient pu échapper à
sa pénétration, et il confioit à un ecclésiastique esti-
mable ses alarmes sur le sort de l'Église. Buonaparte
devenoit de jour en jour plus sombre et plus irrita-
ble; un jour, il demanda d'un ton très-sérieux et
très-froid à l'évêque de Troyes s'il étoit de la théologie de l'évêque de Nantes (1); M. de Boulogne répondit qu'il étoit *de la théologie de l'église de France.*
Une autre fois, Buonaparte dit devant lui qu'il *étoit
temps enfin que les évêques fussent princes de l'É-
glise. Hélas !* dit M. de Boulogne à ses collègues,

(1) Jean-Baptiste Duvoisin, ancien docteur et professeur de Sorbonne,
évêque de Nantes en 1802, avoit toute la confiance de Buonaparte pour
les matières de théologie. Il fut envoyé deux fois à Savone auprès du
Pape, et mourut conseiller d'État le 9 juillet 1813.

quand l'Empereur fut parti, *nous sommes perdus,
il veut nous faire princes, et il empêche le Pape de
l'être; il ne cherche qu'à faire de nous ses valets.*

Ces pressentimens n'étoient que trop légitimes; et
le concile de 1811 ne fut convoqué que dans la vue
d'asservir l'épiscopat. On y avoit appelé tous les évêques de France et d'Italie; ils se trouvèrent réunis
au nombre de quatre-vingt-quinze, dont six cardinaux, neuf archevêques et quatre-vingts évêques,
sans compter neuf évêques simplement nommés. Le
concile avoit dû s'ouvrir le 9 juin, et fut remis au
17; ce jour, la première session se tint à Notre-Dame,
le cardinal Fesch officia pontificalement, et l'évêque
de Troyes prononça un discours après l'évangile. On
lui avoit encore donné cette commission, qui, après
l'expérience du passé et dans les circonstances critiques où l'on se trouvoit, offroit plus de danger que
d'honneur : aussi le cardinal Maury disoit-il fami-
lièrement qu'un pareil discours étoit un véritable
casse-cou. M. de Boulogne ne l'éprouva que trop. Il
avoit lu son discours avant le concile, en présence
de cinq ou six évêques réunis en petit comité, et sur
leur conseil il avoit supprimé quelques endroits qu'on
avoit jugés trop hardis. De plus, Buonaparte voulut voir le discours, et le fit demander à l'auteur par
le cardinal Fesch, qui le porta en effet au château la
surveille de l'ouverture; mais l'Empereur se trouva
si occupé en ce moment, qu'il n'eut pas le temps
d'en entendre la lecture. Il se contenta de demander
au cardinal s'il l'avoit lu et s'il pouvoit lui en ré-

pondre, et celui-ci l'ayant rassuré, remporta le discours sans autre examen.

Un immense auditoire remplissoit le chœur de Notre-Dame : près de cent évêques occupoient les stalles, au bas les ecclésiastiques qui leur servoient d'aumôniers ou de théologiens, dans les tribunes beaucoup de laïques et de personnes de distinction. Animé par ce spectacle imposant, et ne voulant pas rester au-dessous de l'attente générale, l'orateur se laissa aller, dans la chaleur du débit, à prononcer les endroits qu'il avoit retranchés dans la copie remise au cardinal Fesch. Celui-ci s'en aperçut aisément, et le reprocha au prélat après la cérémonie. Les espions firent sans doute aussi leur métier, et allèrent échauffer l'empereur par des rapports envenimés : ce discours, disoient-ils, étoit encore plus hardi que celui pour l'anniversaire du sacre. Les journaux eurent donc défense d'en parler, et l'évêque de Troyes se trouva perdu dans l'esprit de Buonaparte. Comme ce discours fait partie du recueil que nous publions, on appréciera le jugement fort singulier, pour ne rien dire de plus, qu'en a porté M. de Pradt dans son ouvrage si bizarre des *Quatre Concordats* (1).

Si Buonaparte et M. de Pradt furent mécontens du discours, il paroît que les évêques en conçurent une idée différente. Ils donnèrent à M. de Boulogne un témoignage de confiance en le nommant un des quatre secrétaires du concile, et en le choisissant

(1) On trouvera avec ce discours, dans le IIIe volume, des remarques de l'auteur sur la critique de l'ancien archevêque de Malines.

quelques jours après pour faire partie de la commission chargée de répondre au message de l'Empereur. La commission s'assembloit tous les jours chez le cardinal Fesch pour discuter le projet de décret proposé par Buonaparte. L'évêque de Troyes combattit le projet, et tint tête à l'archevêque de Tours et à l'évêque de Nantes, qui l'appuyoient. Il fut d'avis qu'on ne pouvoit s'en rapporter à la note qu'ils prétendoient leur avoir été remise par le Pape à Savone dans le voyage qu'ils y avoient fait peu auparavant. L'évêque de Nantes, dit-il dans sa Notice manuscrite, nous menaça formellement de la disgrâce de l'Empereur, si nous rejetions son projet; ces menaces n'empêchèrent pas que le projet ne fût repoussé par une majorité de huit voix contre trois : on chargea l'évêque de Tournai de faire le rapport qui devoit être présenté au concile par la commission, et l'évêque de Troyes fut prié de revoir son travail (1). Le rapport fut lu au concile le 10 juillet, et la délibération renvoyée au lendemain; mais le soir même Buonaparte, qui étoit instruit de tout, rendit un décret pour dissoudre le concile. Déjà depuis longtemps cet orage s'amassoit lentement : l'Empereur voyoit avec dépit que ses projets d'envahissement et de bouleversement n'étoient pas goûtés par les évêques; il n'avoit pas voulu recevoir l'adresse du concile, et la veille du jour indiqué pour la présentation

____

(1) M. Hirn, évêque de Tournai, étoit Alsacien, et ne possédoit pas parfaitement le français. Ce prélat survécut à la persécution, et mourut à Tournai le 17 août 1819.

I. *d*

de cette adresse, vint un contre-ordre, qui étoit de
mauvais augure pour l'avenir. Buonaparte étoit surtout mécontent de trois évêques, ceux de Gand, de
Troyes et de Tournai; ce dernier parce qu'il avoit
fait le rapport, les deux autres parce que, quoique
ses aumôniers, ils avoient voté contre son projet.
C'étoit à ses yeux un crime irrémissible : de plus,
l'évêque de Gand avoit refusé le serment de la Légion
d'honneur, et l'évêque de Troyes avoit contre lui ses
deux précédens discours, dont sa résistance nouvelle
avoit réveillé le souvenir. Ce fut donc sur ces prélats que tomba la foudre.

Dans la nuit du 11 au 12 juillet, on alla arrêter
les trois évêques chez eux, et s'emparer de leurs papiers; on les conduisit au donjon de Vincennes, où
ils entrèrent à huit heures du matin. Le lendemain,
un commis de la police vint visiter et parapher les
papiers de l'évêque de Troyes, et le surlendemain
Desmarets, chef de division de la police, lui fit subir
un interrogatoire long et minutieux. Le principal
grief étoit d'avoir entraîné à son avis les membres
de la commission; du reste, il ne fut question que
du concile, et nullement de ce qui y étoit étranger.
Pendant qu'on arrêtoit l'évêque à Paris, on faisoit
saisir aussi tous ses papiers à Troyes; il ne s'y trouva
rien à sa charge. Les trois évêques furent mis au
secret le plus rigoureux, et n'avoient de communication, ni entre eux, ni avec les autres prisonniers.
La chambre qu'occupoit l'évêque de Troyes étoit
entre celle du cardinal Gabrielli et celle du cardinal

di Pietro, et sa réclusion étoit si sévère, qu'il ne
l'apprit qu'au bout de deux mois; il se trouvoit au
même étage que les évêques de Gand et de Tournai,
et ne les voyoit jamais. Le commandant du donjon
venoit quelquefois causer avec M. de Boulogne,
et lui parloit même avec assez de liberté de tout ce
qui se passoit; mais il ne pouvoit adoucir ni ce terrible secret, ni ce désolant abandon, ni cette pri-
vation absolue de plumes, d'encre et papier. Au
mois de septembre, ce commandant fut remplacé par
un autre qui rendit la surveillance plus rigoureuse
encore; on ne permettoit aux prisonniers qu'une
demi-heure de promenade sur la plate-forme du
donjon.

Dans cette affreuse situation, l'évêque de Troyes
étoit dévoré de chagrin et d'ennui; ayant obtenu du
papier et de l'encre, il écrivit le 5 novembre 1811
à Desmarets une lettre que nous avons trouvée dans
ses papiers, et par laquelle il réclamoit contre le
terrible secret où on le tenoit. Du reste, quelque
abattu qu'il fût, sa lettre ne renferme rien d'indigne
de son caractère et de son courage. « Si en me ran-
geant, dit-il, pour ce que j'ai cru le plus grand bien,
du côté d'une majorité que je n'ai fait que suivre,
et que je n'ai nullement influencée; si, en émettant
loyalement mon opinion sur un objet qui étoit sou-
mis à ma discussion, j'ai pu déplaire à S. M., c'est
un malheur sans doute, et le plus grand qui pût
m'arriver; mais ce n'est point un crime, ni même
rien qui en approche : et cependant comment me

traiteroit-on si j'étois criminel? N'est-ce donc pas assez de la détention et de toutes les calamités qui en sont la suite?.... » Cette lettre, écrite avec force et émotion, produisit quelque effet; et sur l'original que nous avons, on trouve écrit d'une autre main : *Mettre ensemble les trois évêques dans une même chambre. D.* (1). Et plus bas : *Cela a été fait le 9 par l'ordre de Son Excellence.* On ne mit cependant pas les évêques dans la même chambre, ce qui étoit impossible; mais il leur fut permis de se voir dans leurs chambres respectives, et de se promener ensemble tant qu'ils le vouloient, dans le vestibule commun. On fit descendre au premier étage les cardinaux Gabrielli et di Pietro, qui purent aussi communiquer avec d'autres de leurs compatriotes, et on mit à leur place le secrétaire de l'évêque de Tournai et le théologien de l'évêque de Gand. C'est le 11 novembre, jour de saint Martin, qu'eut lieu cet arrangement, qui rendit du moins plus tolérable la position des prisonniers.

Quinze jours après, le secrétaire-général du ministère des cultes vint inopinément au donjon; on fit descendre, l'un après l'autre, les trois évêques, sans leur laisser le temps de se concerter, et le secrétaire-général leur demanda séparément leur démission. L'évêque de Troyes raconte qu'il fit des représen-

(1) M. de Boulogne croyoit que ces mots étoient de l'écriture de Buonaparte; ils paroissent plutôt de celle du ministre de la police de ce temps-là, et ce qui est dit plus bas, *de l'ordre de Son Excellence,* semble l'indiquer.

tations, auxquelles on ne lui répondit autre chose, sinon que tel étoit l'ordre de l'Empereur. Il y auroit eu peut-être, ajoute-t-il naïvement, plus de gloire à refuser; mais le peu de temps que j'avois pour me déterminer, la crainte de ne plus voir de terme à ma captivité, et surtout la conviction où j'étois que jamais l'Empereur ne permettroit mon retour à Troyes, et qu'en tout état de cause je pouvois me regarder comme perdu pour mon diocèse, me déterminèrent à céder. Je fis pourtant l'écrit de manière qu'il pouvoit être lui-même une preuve de la violence qui l'avoit extorqué : *Moi, Étienne-Antoine, évêque de Troyes, donne ma démission. Fait au donjon de Vincennes, le* 26 *novembre* 1811 (1). Cette forme insolite ne plut pas au secrétaire-général, mais l'acte étoit écrit; les deux autres évêques donnèrent aussi leur démission.

Au bout de huit jours, le commandant du donjon vint dire aux trois évêques que l'Empereur leur permettoit d'aller dans la ville qu'ils voudroient choisir pour leur résidence, mais qu'il falloit que cette ville fût au moins à quarante lieues de Paris, et ne fût point une ville épiscopale. Ils n'avoient pas encore fait leur choix, quand un agent de police vint, le 12 décembre, leur annoncer leur prochain départ, et assigna à chacun sa résidence, Beaune à l'évêque de Gand, Gien à celui de Tournay, et Falaise

____

(1) Nous suivons ici le récit de M. de Boulogne; mais il y a erreur dans cette date, puisque la lettre du ministre des cultes, qui annonce les démissions, est datée, pour les trois chapitres, du 27 novembre.

à celui de Troyes; on leur défendoit de s'en éloigner plus de deux lieues. Peu après arriva Desmarets, chef de division de la police, qui avoit inter-
rogé les évêques à leur entrée au donjon; il venoit
leur demander, comme un préalable indispensable à
leur sortie, une promesse par écrit de ne point se mêler
des affaires de leurs diocèses. Il falloit obéir, dit l'évêque de Troyes, sous peine de rester en prison : je crus
que cette promesse ne blessoit point ma conscience;
je supposois que mes grands-vicaires gouverneroient à
ma place, et, promesse ou non, je voyois qu'il ne me
seroit plus permis de gouverner directement par moi-
même. Ce second sacrifice fait, on leur ouvrit les
portes du donjon le lendemain 13 décembre, à six
heures du matin. L'évêque de Troyes monta dans
une chaise de poste avec son domestique, et un agent
de police qui l'accompagna jusqu'à Versailles. Il arriva le 14 au soir à Falaise, et y fut accueilli avec
un empressement général par le clergé, par les ha-
bitans, et même par les autorités; chacun cherchoit
à dédommager le prélat de sa captivité, et M. l'é-
vêque de Bayeux donna ordre de lui rendre les mêmes
honneurs qu'à lui-même.

Le 23 novembre, le ministre des cultes, Bigot de
Préameneu, avoit écrit aux différens chapitres pour
leur annoncer la démission des évêques; du reste,
il n'envoya ni l'original, ni même de copie de l'acte
de démission. Il mandoit au chapitre de Troyes qu'il
devoit prendre en main la juridiction, M. de Boulogne n'étant plus évêque, et ses grands - vicaires

n'ayant plus aucun pouvoir. Cette théologie paroissoit assez nouvelle; on se demandoit si un acte signé
dans un donjon étoit bien valable, s'il ne devoit pas
être accepté par l'autorité compétente, si enfin on ne
devoit pas au moins le communiquer au chapitre.
Toutefois les deux grands-vicaires de M. de Boulogne,
l'abbé d'Andigné et l'abbé de Pazzis (1), cessèrent
tout exercice de leurs pouvoirs, et revinrent à Paris
suivant l'ordre du ministre. Le chapitre s'assembla,
et on crut parer à tous les inconvéniens en nommant
pour grands-vicaires des chanoines qui avoient reçu
de l'évêque des pouvoirs de grands-vicaires. Ces chanoines furent MM. Tresfort et Arvisenet, qui furent
reconnus par le ministre. Ce choix tranquillisa un
peu les consciences; on sembloit gouverner au nom
du chapitre, tandis que c'étoit réellement avec les
pouvoirs de l'évêque. Un jeune ecclésiastique du diocèse, l'abbé de Bourdeille, qui n'étoit pas encore
prêtre, fit le voyage de Falaise, et fut chargé de
transmettre des pouvoirs extraordinaires à l'abbé de
La Tour, archiprêtre, et à M. l'abbé Lucot, principal du collège; M. l'abbé Viart, curé d'Auxerre,
reçut par la même voie des pouvoirs pour la partie
de l'Yonne : ces grands - vicaires agissoient secrète-
ment comme munis des pouvoirs du prélat. Presque
tout le clergé continua de reconnoître la juridiction
de M. de Boulogne; cependant les mandemens du

____

(1) M. d'Andigné devint depuis évêque de Nantes, et mourut le 2 février 1822. L'abbé de Pazzis est le même qui alla ensuite à Gand; il
mourut à Paris le 23 août 1817.

chapitre portoient, *le siège épiscopal vacant*; ce qui n'étoit pas approuvé du plus grand nombre.

M. de Boulogne jouissoit, à Falaise, d'une assez grande liberté; il présidoit à quelques cérémonies, et au commencement de 1813, il conféra le baptême et la confirmation à un jeune africain, et prononça en cette occasion un petit discours qu'on a retrouvé dans ses papiers. Lors du prétendu concordat de Fontainebleau, le ministre des cultes ayant écrit à tous les évêques, pour faire chanter un *Te Deum*, le curé de Falaise vînt prier M. de Boulogne de se trouver à la cérémonie avec les autorités; ce fut le prélat qui entonna le *Te Deum*, mais assez tristement, dit-il, et prévoyant bien qu'il y avoit là quelque piège, et que ce grand éclat n'aboutiroit à rien de bon pour l'Église.

Au mois d'avril 1813, Buonaparte s'avisa tout à coup de nommer aux sièges de Tournai, de Gand et de Troyes. M. l'abbé de Cussy fut nommé (1) à l'évêché de Troyes, et le chapitre eut ordre du ministre de lui donner des pouvoirs d'administrateur capitulaire (2). Cette mesure devint une source de troubles dans le diocèse. Le chapitre proposa ses difficultés, et demanda entr'autres si le Pape avoit agréé la démission de M. de Boulogne; mais le ministre insista par sa lettre du 30 avril, et prétendit que le chapitre n'avoit pas le droit de demander si la démission de l'évêque étoit agréée. Cette lettre

(1) Par décret du 14 avril.
(2) Lettre du ministre, du 19

nous a paru devoir être insérée dans les notes pour
montrer par quels sophismes on travailloit alors au
bouleversement de toutes les règles canoniques (1).
Le chapitre délibéra pendant plusieurs jours, et
enfin, sur huit chanoines, cinq furent d'avis d'accorder des pouvoirs à l'évêque nommé. Le 11 mai,
le chapitre écrivit à M. de Cussy, qui vint résider
à l'évêché. L'inquiétude se répandit dans le diocése.
Un curé, mort depuis, l'abbé Henry, fit le voyage
de Fontainebleau pour consulter le Pape et les cardinaux; la réponse fut que les droits de M. de Boulogne étoient entiers, et que le chapitre n'avoit aucune juridiction (2). L'abbé de Bourdeille alla pour
le même objet à Fontainebleau, et obtint une réponse semblable (3). Un troisième ecclésiastique,
M. Godot, fut envoyé à Falaise, pour consulter le
prélat qui déclara simplement que, *dans la situation
rigoureuse où il se trouvoit, il ne pouvoit rien répondre.* Il étoit clair que le prélat ne vouloit pas se
compromettre par une réponse qui seroit bientôt
devenue publique, et qui auroit appelé sur lui de
nouvelles rigueurs. On ne pouvoit donc plus douter

(1) *Voyez* à la fin de la Notice la note 3.

(2) On trouvera dans les notes, à la fin de la Notice, les questions du
clergé de Troyes, et les réponses faites à Fontainebleau; *voyez* la note 4.

(3) Paul-Gabriel-Edmond Fayard de Bourdeille étoit né à Paris le
18 juillet 1781. Il servit d'abord dans la cavalerie, et entra au séminaire
Saint-Sulpice en 1808. Sa famille habitant le diocèse de Troyes, il quitta
Paris pour s'attacher à M. de Boulogne, et ne voulut point recevoir les
ordres pendant sa captivité. Il fut ordonné prêtre en décembre 1814,
devint chanoine de Troyes, puis grand-vicaire de Bayonne, et mourut
dans cette dernière ville le 30 août 1822.

de ses droits : aussi, le 6 août 1813, M. l'abbé Arvisenet (1), chanoine et grand-vicaire, qui jusque-là avoit cru pouvoir exercer la juridiction au nom du chapitre, publia une rétractation très-précise, et déclara qu'il reconnoissoit M. de Boulogne pour son évêque. Cette démarche d'un homme si pieux et si révéré fit une grande impression dans le diocèse; une forte conviction avoit pu seule porter M. l'abbé Arvisenet à un acte qui alloit attirer sur lui l'animadversion du gouvernement. Le chapitre de Troyes se trouvoit partagé par égale portion; quatre chanoines, MM. Tresfort, Huillier, Leduc et Lefèvre, croyoient pouvoir exercer la juridiction; les autres, MM. Arvisenet, de La Tour, Migneaux et Duhamel, ne reconnoissoient que la juridiction de l'évêque. Les premiers publièrent des circulaires le 4 octobre et le 10 novembre, pour soutenir leurs prétentions, mais la majorité du diocèse se déclara pour l'évêque; le séminaire resta vide, les jeunes gens n'ayant pas voulu se soumettre au chapitre. Les grands-vicaires du prélat, MM. de La Tour et Lucot, gouvernoient en son nom, et trouvoient moyen d'entretenir avec lui quelque correspondance.

Le gouvernement en eut sans doute connoissance, et le ministre de la police envoya au préfet du Calvados une nouvelle formule de déclaration que le prélat devoit souscrire sur-le-champ. On lui faisoit dire dans cet acte qu'il n'étoit plus évêque, que

____

(1) C'est le même qui est connu par le *Memoriale vitæ sacerdotalis*, et par d'autres écrits de piété.

son siège étoit vacant, que le chapitre administroit légitimement, et que M. de Cussy étoit son véritable successeur. Le 1ᵉʳ septembre 1813, le sous-préfet de Falaise vint chez le prélat lui communiquer cette lettre du ministre et une autre conforme du préfet; il devoit signer la déclaration *sous peine de se constituer en rébellion ouverte avec le gouvernement,* ou du moins n'y faire que des changemens qui n'en altérassent point le sens. M. de Boulogne refusa de souscrire un acte si contraire aux règles de l'Église et aux notions de la théologie, et proposa seulement une déclaration où il renouveloit celle de décembre 1811, promettant de ne point prendre part à l'administration du diocèse, mais ajoutant à la fin qu'il *n'entendoit point par le présent écrit vouloir rien faire de tout ce qui pourroit être contraire aux règles établies, et blesser les libertés de l'église gallicane, relativement à la vacance des sièges et à la démission canonique des évêques.* Cet acte étoit signé du 4 septembre 1813, et accompagné d'une lettre ostensible au sous-préfet pour motiver les changemens faits à la formule; nous avons sous les yeux l'acte et la lettre (1).

Le refus de signer la formule prescrite ne devoit pas rester impuni sous un gouvernement tel que celui qui pesoit alors sur la France : le prélat s'attendoit donc à quelque nouvelle vexation. Cependant les mois de septembre et d'octobre se passèrent tranquil-

____

(1) On trouvera dans la note 5 la lettre du préfet du Calvados, la déclaration souscrite par M. de Boulogne, et sa lettre au sous-préfet.

lement; mais le 27 novembre, un officier de gendar-
merie arriva de Paris à Falaise pour arrêter le prélat
et saisir tous ses papiers. On ne lui laissa que le temps
qu'il demanda pour faire son testament, et on le fit
partir dans une chaise de poste, sans son domestique
auquel il ne fut pas permis de l'accompagner. La
voiture courut toute la nuit sans s'arrêter, et on arriva le lendemain soir à l'hôtel des gendarmes à Paris, où les agens de police vinrent peu après prendre
l'évêque, et le conduire au donjon de Vincennes.
Quelles furent ses pensées en rentrant dans ce triste
sejour! Pour comble de malheur, le régime de la
prison étoit encore plus sévère qu'autrefois, plus de
billets, plus de promenades sur la plate-forme. On refusa au prélat jusqu'à un miroir et un rasoir pour se
faire la barbe; on ne se donna même pas la peine de
lui faire subir l'interrogatoire d'usage; enfin on lui
laissoit ignorer les nouvelles politiques et les évènemens dont la France étoit alors le théâtre, de sorte
qu'il étoit en proie à une inquiétude et à une anxiété
fort pénibles.

On touchoit néanmoins à un dénouement plus heureux que l'évêque ne pouvoit l'espérer. Le 6 février
1814, à six heures du soir, on vint lui signifier l'ordre
de partir. Une trentaine de prisonniers furent trans-
férés dans la même nuit au château d'Angers. À sept
heures, on fit monter le prélat dans une voiture où se
trouvoient deux agens de police et un autre prison-
nier, le baron de Géramb, chambellan de l'empereur
d'Autriche, aujourd'hui trapiste à Laval. On les con-

duisit à la prison de la Force, à Paris, où arrivèrent peu après de Vincennes Mᵍʳ de Gregorio, prélat romain, aujourd'hui cardinal, et le Père Fontana, général des Barnabites, et depuis aussi cardinal; on les mit tous les trois dans une même chambre, et ce ne fut pas une médiocre satisfaction pour l'évêque, en sortant d'un secret rigoureux, de se trouver dans la société de ces aimables et vertueux personnages. Ils avoient la facilité de communiquer au dehors, de lire les journaux et de savoir ce qui se passoit. L'évêque de Troyes fut bien surpris quand il apprit l'état des choses en France, l'invasion des alliés, les combats en Champagne, et les embarras de Buonaparte, obligé de courir de tous côtés pour faire tête à ses ennemis. C'étoit pour cela qu'on avoit évacué Vincennes, et mis les prisonniers en lieux plus sûrs.

Cependant Buonaparte, à la veille de sa chute et dans la position la plus critique, s'occupoit encore des affaires ecclésiastiques, et trouvoit le temps de menacer et de tourmenter le clergé. Étant allé à Troyes, le 23 février, après un succès momentané à Montereau, il manda l'évêque nommé et les chanoines, apostropha durement l'abbé de La Tour et M. Arvisenet, et s'efforça d'effrayer les opposans par ses menaces : il supprimeroit le siège de Troyes et feroit fusiller l'évêque *pour rendre le siège vacant.* Cette aimable plaisanterie fut répétée plusieurs fois, et accompagnée des sorties qui lui étoient ordinaires contre le Pape, les évêques et les ultramontains. Ces déclamations jetèrent d'autant plus la terreur, que la veille, un chevalier de Saint-Louis, M. Gault, avoit été fusillé pour avoir porté publiquement sa croix. Les chanoines épouvantés prirent, le 24 février, une nouvelle délibération pour donner encore des pouvoirs à M. de Cussy, et cette délibération fut portée le soir même à l'Empereur; elle n'étoit au surplus l'ouvrage que de la moitié du chapitre; les quatre chanoines opposans continuèrent, malgré les menaces, à rester fidèles à leur évêque.

IVe ET DERNIÈRE PARTIE.

DEPUIS LA RESTAURATION JUSQU'À LA MORT DE M. DE BOULOGNE.

Enfin le colosse orgueilleux qui fatiguoit l'Église et l'Europe croula, victime de son ambition et de ses propres excès. Le 3o mars, les alliés parurent sous les murs de Paris, et le lendemain leurs souverains entrèrent dans la capitale. Le 1er avril, l'empereur Alexandre donna ordre de faire sortir les prisonniers, entr'autres l'évêque de Troyes. Le matin de ce jour, le prélat se trouva libre au bout de près de trois ans de captivité ou d'exil. Il reçut les félicitations de ses amis, et s'empressa d'écrire à Troyes pour reprendre l'exercice de son autorité. L'abbé Tresfort, qui prenoit le titre de grand-vicaire capitulaire, eut défense d'exercer aucun pouvoir, et un *Te Deum* fut chanté dans toutes les églises de la ville et du diocèse. L'évêque de Troyes assista à l'entrée de MONSIEUR le

12 avril, et à celle du Roi le 3 mai; il s'étoit rendu à Notre-Dame avec les évêques, les corps, et beaucoup de personnes de distinction, et prit part à l'enthousiasme de ces mémorables journées. Le 4 mai, étant allé aux Tuileries pour saluer le Roi, Sa Majesté lui dit qu'elle n'avoit point oublié son talent pour la chaire. Ce talent ne pouvoit manquer d'être réclamé dans de telles circonstances; en effet, le prélat fut désigné pour prêcher devant le Roi le jour de la Pentecôte, et il reparut le premier dans la chaire de la cour en 1814, comme il y avoit paru le dernier en 1789. Le sermon qu'il prêcha fut celui sur la Vérité, dont il ne donna que le deuxième point, et auquel il ajouta un long exorde fait pour la circonstance.

Pendant que le roi de France recouvroit l'héritage de ses pères, le Pape rentroit aussi dans le domaine de l'Église; Pie VII faisoit son entrée à Bologne, le jour même que les souverains alliés arrivoient à Paris. Le pontife resta plusieurs semaines à Imola, dont il avoit été évêque, et à Cesène sa patrie; c'est là qu'il apprit la chute de Buonaparte et la délivrance de la France. Si ces grands évènemens le comblèrent de joie, quelques circonstances particulières lui parurent mériter toute son attention. Le sénat créé par par Buonaparte, et qui existoit encore, avoit arrêté, dans sa séance du 6 avril, un plan de constitution qu'il sembloit dicter au Roi. Le Pape s'étonna de voir que dans ce projet on ne parloit ni de Dieu ni de la religion catholique; l'article XXII établissoit la li-

berté des cultes, et l'article XXIII la liberté de la
presse; les articles VI, XXIV et XXV parurent encore
au saint Père susceptibles d'observation. Alarmé de
ce projet, et craignant que le Roi n'y donnât son
approbation, le pontife résolut de lui adresser des
représentations, et il chargea l'évêque de Troyes de
cette commission délicate. Le prélat Mazio écrivit
à M. de Boulogne pour le prévenir des intentions
du saint Père, en le priant toutefois d'attendre le
bref qui devoit lui être adressé. A la fin de mai,
M. della Genga, archevêque de Tyr, arriva comme
nonce extraordinaire pour féliciter le Roi; c'est ce
prélat qui occupe aujourd'hui le saint siège, et qui
a été élu pour succéder à Pie VII. M. della Genga
étoit chargé de remettre à l'évêque de Troyes un
bref daté de Cesène, le 29 avril. Le saint Père, dans ce
bref, exprimoit le chagrin que lui causoit le nouveau
plan de constitution du sénat, et surtout les articles
indiqués ci-dessus (1). M. de Boulogne devoit faire
à cet égard d'instantes représentations au Roi. Le
plan de constitution proposé par le sénat n'avoit pas
été adopté; mais les articles dont le Pape se plaignoit se retrouvoient dans la déclaration de Saint-
Ouen, du 2 mai, et ils furent encore proclamés dans
la Charte que le Roi publia le 4 juin. M. de Boulogne demanda donc une audience au Roi, et elle lui
fut accordée le 4 juin au soir, c'est-à-dire, le jour
même où la Charte avoit été lue aux deux chambres.

____

(1) *Voyez* le texte du bref, note 6, à la suite de la Notice.

Le prélat exposa au Roi sa mission, et le chagrin que causoit au saint Père la liberté indéfinie des cultes, et l'omission du nom de la religion catholique dans le projet. Le Roi répondit qu'il sentoit aussi les inconvéniens des articles en question, mais que les circonstances ne permettoient pas de mieux faire; que le Pape lui-même avoit été contraint, par la nécessité, à beaucoup de choses, et qu'au surplus, dans la Charte, la religion étoit proclamée religion de l'État. Comme l'évêque de Troyes avoit à la main le bref de Sa Sainteté, le Roi voulut le voir et le garder quelques jours, ajoutant, en riant, qu'il n'avoit point oublié son latin, qu'il l'entendoit et le parloit même avec quelque facilité. Il paroît que dans cette audience le prince laissa échapper quelques plaintes du concordat de 1801, qu'il regardoit comme une atteinte à ses droits. Le Roi garda le bref trois jours, et le fit rendre à l'évêque de Troyes par l'archevêque de Reims, M. de Talleyrand, grand aumônier. Le 10 juin, M. de Boulogne répondit au saint Père; il lui rendit compte de son audience, et prit ensuite la liberté de lui exposer ses vues pour le bien de l'Église. Cette lettre, qui est assez longue, nous a paru mériter de trouver place à la fin de notre Notice (1). Le Pape, par un nouveau bref du 24 août, félicita le prélat de ses soins, et l'engagea à montrer le même zèle pour les intérêts de la religion.

On avoit formé, peu après le retour du Roi, une

____

(1) *Voyez* la note 7.

I. e

commission pour s'occuper des affaires ecclésiastiques ; cette commission étoit composée de quatre prélats, le grand aumônier, les anciens évêques d'Alais
et de Saint-Malo, MM. de Bausset et de Pressigny,
qui avoient donné leur démission en 1801, et l'é-
vêque de Troyes, et de plus de cinq ecclésiastiques,
M. de Latil, aujourd'hui archevêque de Reims, et
MM. du Bréau, Brelucque, d'Astros et Perreau (1).
Cette commission tenoit ses séances aux Tuileries,
chez le grand aumônier ; elle présenta différens mémoires et provoqua diverses réformes. C'est à ses
représentations que furent dues entr'autres l'ordonnance du 5 octobre 1814, qui affranchissoit les petits séminaires du joug de l'Université, et celle du
24 septembre, qui chargeoit le grand aumônier de
présenter les sujets pour les évêchés, et de nommer
aux bourses.

Les séances de cette commission empêchèrent l'é-
vêque de Troyes de se rendre, aussitôt qu'il l'eût
désiré, dans son diocèse, où il étoit attendu avec
impatience. Ses malheurs lui avoient encore atta-
ché davantage son clergé ; il fut reçu avec de vifs
témoignages de joie ; ses grands-vicaires vinrent à sa
rencontre à quatre lieues de Troyes, et il fit son entrée dans la ville le 15 juillet, au milieu d'un pom-

(1) L'abbé du Bréau, ancien grand-vicaire et pénitencier de Boulogne,
étoit revenu d'Angleterre avec le Roi ; il étoit confesseur de MADAME,
et mourut le 24 mars 1818. Les trois ecclésiastiques suivans avoient tous
encouru la disgrâce de Buonaparte, et les deux derniers avoient passé
plusieurs années à Vincennes. M. d'Astros a été fait depuis évêque de
Bayonne.

peux appareil : une escorte de troupes, une musique militaire, un nombreux concours, le son de toutes les cloches, donnoient à cette entrée l'air d'une véritable fête. Le prélat descendit à la cathédrale et y entonna le *Te Deum*; le lendemain, le chapitre vint le saluer en corps. M. de Boulogne crut devoir s'élever hautement contre la conduite des chanoines qui avoient exercé la juridiction pendant sa captivité, et dans un discours prononcé dans sa cathédrale, le dimanche 17, il fit allusion à leur entreprise, en même temps qu'il félicita le clergé fidèle. Le 10 juillet, MM. Arvisenet, de La Tour, Migneaux et Duhamel avoient signé une protestation contre tout ce qui avoit été fait par l'autre fraction du chapitre. Le 26 juillet, le prélat ayant assemblé le chapitre chez l'archiprêtre, proposa aux quatre autres chanoines de se soumettre aux décisions du saint siège sur les administrations capitulaires; mais ils s'y refusèrent, et le prélat s'étant fait représenter les registres, les délibérations du chapitre furent biffées par son ordre. M. Huillier, un des chanoines, publia un *Exposé et justification de la conduite du chapitre*, et les traces de ces divisions subsistèrent encore dans le diocèse (1). L'évêque de Troyes se proposoit de publier une ordonnance relativement à ses droits, et de prononcer la nullité des actes du chapitre; cette ordonnance a été trouvée dans ses papiers, datée du 15 décembre 1814, mais elle n'a point vu

(1) *Voyez l'Examen de la Lettre des grands-vicaires* (par l'abbé C. Migneaux). Troyes, 1814, in-8° de 88 pages.

le jour, et le prélat, sans doute par des vues de prudence et de modération, s'abstint d'une démarche qui peut-être eût encore irrité quelques esprits.

Rappelé à Paris pour prendre part aux travaux de la commission ecclésiastique, M. de Boulogne officia le jour de l'Assomption à la chapelle du château. La commission étoit devenue moins nombreuse par le départ de l'ancien évêque de Saint-Malo, nommé ambassadeur du Roi à Rome; de plus, l'évêque de Troyes ne tarda pas à s'apercevoir qu'il régnoit quelques préventions parmi les évêques qui venoient de rentrer en France. Ils avoient refusé leur démission en 1801, et ils regardoient tout ce qui avoit été fait à cette époque, sinon comme nul, au moins comme devant être abandonné au plus tôt, pour revenir à l'ancien ordre de choses. Leur plan favori étoit que tous les évêques créés depuis le concordat offrissent leur démission, et on sollicita l'évêque de Troyes d'en donner l'exemple à ses collègues; il ne goûta point une mesure qui lui paroissoit aussi peu honorable que fâcheuse pour l'église de France, et il combattit, tant qu'il le put, des prétentions qui ne devoient céder que peu à peu à la voix de la raison et de l'expérience. Les séances de la commission s'éloignèrent de plus en plus, et au mois de novembre on en forma une nouvelle composée d'évêques pris dans les différentes classes, c'est-à-dire, parmi les non-démissionnaires, parmi les démissionnaires et parmi les évêques institués depuis le concordat. Comme M. de Boulogne ne fut point membre de cette nouvelle commission, nous n'avons point à en parler.

On avoit rétabli à Sens le tombeau du Dauphin, père du Roi, qui ornoit autrefois la cathédrale, et on se proposoit d'y transporter ses restes, qui avoient échappé aux dévastations révolutionnaires. MONSIEUR, frère du Roi, voulut assister à cette cérémonie et aller rendre les derniers devoirs à son vertueux père. L'évêque de Troyes, qui avoit encore cette partie sous sa juridiction, se rendit à Sens le 20 décembre 1814; le lendemain, il reçut le prince à l'entrée de l'église, et lui adressa un petit discours qui fut imprimé. Le prélat célébra la messe et fit l'absoute, après laquelle le prince se mit à genoux au pied du tombeau, et pria quelque temps pour son père. De Sens, l'évêque se rendit à Troyes pour y faire l'ordination; son projet étoit de passer un assez long temps dans son diocèse, lorsque, le 12 janvier 1815, il reçut du ministre de l'intérieur une lettre qui le chargeoit de prononcer l'oraison funèbre de Louis XVI, le 21 janvier, jour où les cendres de ce prince seroient transportées à Saint-Denis. L'extrême brièveté du temps qui lui étoit accordé lui fit craindre d'abord de rester au-dessous de son sujet; cependant, flatté d'être choisi pour porter la parole dans une occasion si solennelle, il partit sur-le-champ pour Paris, et se mit au travail. Il n'y avoit que six jours qu'il l'avoit commencé, quand le Roi lui fit dire, par le grand aumônier, qu'il désiroit voir son discours avant la cérémonie, et qu'il l'engageoit à le lui envoyer; mais ce discours, à peine achevé, écrit sur des feuilles éparses, étoit indéchiffrable pour tout autre que pour l'auteur, et il n'avoit pas le temps de le mettre au net. Il répondit donc que si S. M. le vouloit, il iroit le lui lire; le Roi approuva ce moyen, et le manda de suite au château. C'étoit le 19 janvier au soir : le prélat trouva le Roi seul, qui le fit asseoir et l'écouta avec une attention et un intérêt marqués. S. M. lui fit même quelques observations qui annonçoient autant de finesse que de goût; elle applaudit à certains endroits, mais elle parut trouver que l'orateur insistoit trop sur le crime des régicides. Pendant le discours, comme le jour baissoit, le Roi alla lui-même chercher deux flambeaux, et les mit à côté du prélat.

Il ne restoit à M. de Boulogne qu'un jour pour apprendre son discours avant la cérémonie du 21, qui fut longue et magnifique. Les restes du Roi et de la Reine furent transportés en pompe à Saint-Denis, où le convoi n'arriva qu'à midi. Il étoit plus de deux heures quand l'évêque monta en chaire au milieu d'un immense concours; les princes et princesses, les ambassadeurs, les ministres, les grands officiers, les cours, un grand nombre de personnes de tout rang, remplissoient l'église transformée en chapelle ardente. Le discours, il faut l'avouer, ne produisit pas alors tout l'effet qu'on en devoit attendre, soit qu'il faille l'attribuer à la longueur de la cérémonie ou au froid très-vif qui régnoit ce jour-là, soit que l'orateur n'eût pas eu le temps de donner à son travail toute la perfection dont il étoit capable, soit peut-être qu'il y eût dans l'auditoire des gens qui n'aimoient pas à entendre retracer les crimes de la révolution. L'auteur ne se hâta donc pas de publier son discours, il le revit avec un œil sévère, et s'appliqua soigneusement à faire disparoître toute trace de précipitation. L'oraison funèbre ne parut qu'au commencement de 1817.

Peu après que ce discours avoit été prononcé, une nouvelle crise mit encore la France à deux doigts de sa perte. Buonaparte, à qui on avoit donné l'île d'Elbe pour asile, s'échappa et vint en France, où il fut accueilli par un parti nombreux. L'armée s'étant presque partout déclarée pour lui, le Roi fut obligé de quitter sa capitale le 20 mars, et l'usurpateur y entra quelques heures après. Tous ceux qui avoient à redouter sa colère se retirèrent en pays étranger, ou se cachèrent. L'évêque de Troyes alla demeurer dans une maison de campagne à Vaugirard près Paris, et y attendit les évènemens. Dès le 20 mars, il avoit envoyé des pouvoirs de grands-vicaires à MM. Lucot et de La Tour, en les autorisant à subdéléguer en cas d'événemens; M. Viart avoit les mêmes pouvoirs à Auxerre. Ce fut encore l'abbé de Bourdeille qui fut chargé de porter ces dépêches à Troyes. Le prélat resta trois mois à Vaugirard, absolument retiré et inconnu, et n'en sortit que le 5 juillet, trois jours avant l'entrée de Louis XVIII. Nous n'avons pas besoin de dire combien le prélat prit de part à un si heureux événement, et nous pouvons renvoyer le lecteur au

mandement qu'il publia sous la date du 4 octobre,
pour ordonner des prières publiques à l'occasion de
l'ouverture de la session des chambres. Ce mandement fut cité par fragmens dans plusieurs journaux,
et inséré tout entier, par ordre du Roi, dans le *Mo-
niteur*. Le journal officiel inséra également le mandement publié deux mois après par le même prélat
à l'occasion de l'anniversaire du 21 janvier. Le jour
de l'Épiphanie, M. de Boulogne prêcha dans sa cathédrale un discours devenu célèbre sous ce titre :
La France veut son Dieu, la France veut son Roi.
Ce discours fut depuis répété plusieurs fois, à Saint-
Thomas d'Aquin, à Paris, le 1er mars, à l'occasion
d'une quête pour les prisonniers ; à l'Assomption,
dans une autre assemblée de charité, et de nouveau
à Troyes le 20 avril. On sollicita l'orateur de le livrer
à l'impression, et il le publia en effet sous la forme
d'instruction pastorale. C'est l'un de ses discours qui
ont eu le plus de réputation et de succès.

Le prélat avoit abandonné depuis long-temps la
carrière des journaux ; une circonstance particulière
l'y rengagea pour un moment. L'abbé Viuson (1),

(1) Pierre Viuson, né à Angoulême vers 1760, mort à Paris le 17 septembre 1820, passa la plus grande partie de la révolution en Angleterre,
et s'y déclara pour le livre de l'abbé Blanchard. Ses principaux écrits
sont une *Adresse aux deux Chambres*, 1815, in-8°, et *le Concordat
expliqué au Roi*, 1816, in-8°. L'auteur fut traduit devant les tribunaux
pour ce dernier ouvrage, et condamné le 3 septembre 1816, à trois
mois de prison, 50 fr. d'amende et 300 fr. de cautionnement. Il évita
l'exécution du jugement en retournant à Londres, et revint quelques
années après, quand il crut son affaire oubliée. *Voyez* une notice sur
lui dans l'*Ami de la Religion*, n° 646, tome XXV.

prêtre anticoncordataire, s'avisa de publier une *Adresse aux deux Chambres*, où il traitoit assez mal le Pape et les évêques, et où il n'y avoit pas plus de mesure que de théologie : cet écrit révolta M. de Boulogne qui en fit une analyse piquante, laquelle fut insérée dans l'*Ami de la Religion*, tome V, nᵒˢ 125 et 126. Le pauvre abbé Vinson y étoit complètement battu, et essaya vainement de répondre. Du reste, l'évêque ne parut point nommément dans ce débat, et c'est même la seule fois qu'il prit une part directe à la rédaction d'un journal auquel néanmoins il porta toujours beaucoup d'intérêt.

MADAME, duchesse d'Angoulême, étant allée à Sens, pour le service de la Dauphine, son aïeule, le prélat s'y rendit aussi; il reçut la princesse le 13 mars 1816 à la porte de l'ancienne cathédrale, célébra la grand'messe, et fit l'absoute. Le discours que l'évêque adressa à la princesse se trouvera à la suite de ses sermons. Le prélat, étant retourné à Troyes, ordonna à plusieurs reprises des prières publiques pour la cessation des calamités qui pesoient alors sur la France; des pluies continuelles faisoient craindre pour la récolte. Une procession générale eut lieu à Troyes, le dimanche 14 juillet, et on y porta en pompe les reliques de saint Loup : peu après un nouveau mandement du prélat, du 29 juillet, ordonna une deuxième procession qui eut lieu le 4 août, et où on porta les reliques de saint Bernard et de saint Loup. L'éloquent évêque peignoit à grands traits dans ce mandement notre situation morale, plus triste encore et plus inquiétante que les désastres physiques dont on avoit à gémir. Le 21 août, il fit la bénédiction des drapeaux de la légion de l'Aube, et le soir il reçut MADAME qui revenoit des eaux. Les discours qu'il prononça dans ces circonstances seront aussi insérés dans cette collection.

Le séminaire de Troyes n'occupoit depuis le concordat qu'un local étroit, et qui devenoit de jour en jour plus insuffisant relativement aux besoins du diocèse. Les bâtimens de l'ancien séminaire servoient de caserne pour les troupes; M. de Boulogne faisoit depuis long-temps des réclamations pour obtenir la restitution de ces bâtimens; enfin il s'adressa directement au Roi, et écrivit à Sa Majesté une lettre respectueuse, mais forte et pressante. Le prélat avoit mis dans cette lettre autant d'ame et de chaleur que d'art et de talent; et Louis XVIII, qui savoit apprécier les productions de l'esprit et qui écrivoit lui-même avec tant de grâce et de goût, fut si touché de l'éloquente requête, qu'il ordonna sur-le-champ au ministre de la guerre de restituer les bâtimens occupés par les militaires. Toutefois différentes formalités et les réparations à faire dans le local retardèrent l'installation du séminaire; elle eut lieu le dimanche 16 mars 1817, et se fit avec pompe. Le prélat partit processionnellement de sa cathédrale, précédé de son chapitre et de tout le clergé de la ville : on se rendit au séminaire où la chapelle fut bénite, ainsi que le cimetière et toute la maison, et l'évêque prononça un discours dont on trouve un extrait dans l'*Ami de la Religion*, n° 276.

Les négociations pour un nouveau concordat continuoient toujours, mais se faisoient avec beaucoup de lenteur. Différens obstacles retardoient la conclusion. On crut lever un de ces obstacles en écrivant de la part du Roi aux évêques qui étoient en place, que le Roi verroit avec plaisir qu'ils donnassent la démission de leurs sièges. Ces lettres, datées du 5 et du 7 septembre 1816, étoient la suite d'un projet déjà mis en avant en 1814. Quelques-uns de ceux qui étoient rentrés avec le Roi n'auroient pas été fâchés d'anéantir par le fait le concordat de 1802, de faire disparoître l'église de France telle qu'elle avoit été établie par Pie VII. Les évêques à qui on demandoit leur démission tinrent une conduite diverse ; les uns se prêtèrent à ce qu'on souhaitoit, d'autres évitèrent de répondre ou répondirent par un refus ; le plus grand nombre annonça qu'ils étoient disposés à faire ce que le Pape et le Roi demanderoient de concert. L'évêque de Troyes, qui, en 1814, s'étoit opposé au projet des démissions, n'osa résister cette fois. Le nom du Roi que l'on avoit fait intervenir, l'idée que le nouveau projet étoit peut-être concerté entre les deux puissances, la crainte de contrarier un arrangement d'où pouvoit dépendre la paix de l'Église, tout le porta sans doute à céder aux désirs qu'on lui témoignoit ; le 1ᵉʳ octobre 1816, il adressa sa démission au Roi par une lettre respectueuse, et le 14 octobre, il instruisit le Pape de cette démarche. Sa lettre laissoit assez voir combien ce sacrifice lui avoit coûté : « Dans l'éloignement où je suis des affaires, disoit-il au Pape, je ne puis savoir jusqu'à quel point cette démarche de ma part pourra être agréable à Votre Sainteté; et comme je suis bien éloigné de vouloir rien faire qui pût lui déplaire, je la soumets entièrement à son jugement, en lui déclarant qu'il n'est nullement dans mon intention de me désister de mon titre sans son aveu formel, et en déclarant en outre que par là je n'entends rien préjuger contre la légitimité de ses opérations..... Votre Sainteté fera donc de ma démission ce qu'elle jugera convenable. » Depuis, l'évêque de Troyes eut quelque soupçon que sa démarche pourroit n'être pas agréable à Pie VII, et il lui écrivit une deuxième lettre le 12 novembre, où il lui répétoit qu'il avoit cédé aux désirs du Roi, mais que sa démission seroit comme non avenue, si Sa Sainteté n'y donnoit pas son plein assentiment.

Pie VII n'approuva point la demande des démissions, et vit clairement qu'on ne cherchoit par là qu'à renverser son ouvrage, et que le résultat de ces démissions simultanées seroit de replonger l'église de France dans un état précaire et incertain qui ne pourroit que lui être funeste. N'ayant point reçu la première lettre de l'évêque de Troyes, et ayant appris par la deuxième ce qu'il avoit fait, il lui adressa un bref du 11 décembre : « Dans une affaire si grave, dit-il, et qui ne dépend que de notre jugement, nous pensions que vous n'auriez rien fait sans nous consulter. Nous en sommes d'autant plus étonnés, que beaucoup d'évêques de France, qui, comme vous, avoient été excités à donner leur démission, nous ont écrit avant de répondre, pour connoître nos intentions. Ils étoient disposés à se désister de leurs titres, si nous le jugions convenable, mais ils ne vouloient rien faire sans notre participation : quelques-uns même nous ont marqué qu'ils ne vouloient et ne pouvoient se démettre que sur notre demande. Dans nos réponses, nous avons approuvé leur conduite et accueilli leur dévoûment. Si vous nous aviez consultés, nous vous aurions averti aussi qu'il n'existoit aucune cause canonique pour laquelle tous les évêques de France dussent se démettre de leurs sièges. » Le Pape finissoit néanmoins par des témoignages de bienveillance (1). M. de Boulogne fut sensible aux reproches du saint Père, et lui écrivit, le 21 février 1817, en lui envoyant un exemplaire de son Oraison funèbre de Louis XVI. Après avoir fait hommage au Pape de ce discours, le prélat ajoutoit : « Nous avons reçu, très-saint Père, le bref que Votre Sainteté a bien voulu nous adresser au sujet de notre démission, et par lequel il nous a paru que cette démarche de notre part ne lui avoit point été agréable; ce qui nous a vivement affligé, et ne peut qu'ajouter à toutes les amertumes dont est semée, dans ces jours mauvais, la carrière épiscopale. Nous saisissons cette occasion de lui renouveler nos excuses à ce sujet, la suppliant de regarder cette démission comme non avenue, puisqu'elle n'a été faite que conditionnellement, et dans

____

(1) Voyez dans la note 8, à la fin, le texte de ce bref.

la supposition expresse du bon plaisir de Votre Sainteté. Nous osons nous flatter, très-saint Père, que
cette démarche, qui n'a point été assez réfléchie, n'est
pas indigne de votre indulgence paternelle, ayant été
dirigée par les plus pures intentions; et nous avons
la ferme confiance qu'elle n'affoiblira pas vos bontés
envers nous, comme elle n'a rien diminué de la soumission et du respect..... »

Le concordat ayant été enfin conclu à Rome, le
11 juin 1817, le Pape adressa le lendemain un bref
à tous les évêques de France, pour leur demander de
consentir à une nouvelle circonscription des diocèses. Tous les évêques donnèrent leur adhésion à cette
mesure. Le 8 août, le Roi nomma aux sièges nou-
vellement créés; dans cette promotion, le siège ar-
chiépiscopal de Vienne fut destiné à M. de Boulogne, et le Pape le préconisa dans le consistoire du
1er octobre 1817. Toutefois les évêques ainsi tranférés
devoient continuer à régir leurs anciens diocèses jusqu'à l'exécution du concordat. M. de Boulogne gouverna donc encore l'église de Troyes. Dans son mandement du 17 janvier 1818, il annonça son prochain
départ, et fit ses adieux à son troupeau; il crut aussi
devoir parler des troubles du diocèse, et réclamer
publiquement contre des actes illégaux. Cette année
même, une démarche heureuse mit fin aux longues
divisions qui avoient affligé le diocèse. L'abbé Huillier, chanoine de Troyes, et un des principaux opposans, étant tombé malade, désira se réconcilier avec
son évêque, et signa, le 4 juin 1818, une déclara-

tion où il rétractoit tout ce qu'il avoit fait ou écrit dans le temps de ces disputes. Cette déclaration fut signée de deux autres chanoines, l'abbé Le Duc, et l'abbé Lefèvre, qui avoient suivi la même conduite (1). M. de Boulogne assembla son clergé, lui communiqua la déclaration, et alla ensuite voir l'abbé Huillier et lui témoigner sa satisfaction. Ainsi disparurent toutes les traces des divisions précédentes (2).

On se rappelle que le concordat de 1817 éprouva de grands obstacles et fut suivi de longues négociations. Les besoins de l'Église réclamoient vainement l'exécution de cette mesure; le ministère aban-

(1) L'abbé Tresfort, le quatrième chanoine opposant, étoit mort le 19 février 1816.

(2) La déclaration a été imprimée dans l'*Ami de la Religion*, n° 410, tome XVI. Elle étoit ainsi conçue:

« Nous soussignés, chanoines titulaires de l'église de Troyes, déclarons que nous voulons vivre et mourir dans la communion de notre évêque; que nous avons toujours regardé Mgr de Boulogne comme notre seul et légitime évêque; que sa démission forcée, eût-elle été même libre et spontanée, n'étant point acceptée, ne pouvoit priver de la juridiction ni lui ni ses représentans; que si, dans le cours de ses longs et glorieux malheurs, il y a eu dissonance entre la conduite des uns et des autres, c'est une erreur de fait, où il n'y a pas eu de mauvaises intentions, et nous déplorons de tout notre cœur les divisions qui en ont été la suite; que tout ce qui, dans la chaleur de ces malheureuses discussions, auroit été dit, fait ou écrit de contraire aux principes ci-dessus énoncés, ainsi qu'au respect dû à Sa Grandeur, nous le désavouons hautement, professant solennellement que nous ne désirons rien tant que de vivre et mourir dans sa communion.

» Nous désirons que Monseigneur veuille bien agréer la présente déclaration comme le témoignage sincère de notre respect, de notre soumission et de notre attachement à sa personne.

» Fait double à Troyes, le 4 juin de l'an de grâce 1818. »

Suivent les signatures.

donna son propre ouvrage. Les évêques de France ne manquèrent pas dans cette occasion à ce qu'ils devoient et à leur caractère et à leurs troupeaux, et M. de Boulogne prit part à toutes leurs délibérations : il étoit de l'assemblée tenue aux Tuileries le 13 mars 1818, et où furent discutées deux questions présentées par le ministre. Les évêques, en gémissant du projet de rédaction, s'en remettoient à la sagesse du Pape et du Roi. Au mois de juin suivant, les évêques adressèrent une lettre au Roi pour réclamer l'exécution du concordat. Ces démarches n'eurent alors aucun résultat, et M. de Boulogne continua de rester chargé du gouvernement du diocèse de Troyes.

Un mandement, qu'il publia le 15 février 1819, excita quelque bruit. Le prélat s'y plaignoit éloquemment des maux de l'Église, de la circulation des mauvais livres, de l'esprit qui régnoit dans les écoles, de *l'instruction chrétienne livrée au hasard, ou comprimée par des mesures arbitraires*, de la profanation publique du dimanche, *sous les yeux même des préposés à l'ordre*, etc. Ces plaintes, et quelques autres qui sembloient accuser l'autorité, blessèrent des magistrats qui se crurent inculpés, et le bruit se répandit que le prélat alloit être poursuivi juridiquement; mais on sentit ensuite, sans doute, le ridicule d'une telle mesure, et le tout se borna à un échange de lettres entre l'évêque et les magistrats.

Le jeudi-saint, le prélat prêcha le sermon de la Cène à la cour. Son discours étoit sur la charité, et

l'orateur adressa un compliment à MONSIEUR. Le
26 mai, il porta la parole dans une occasion plus solennelle encore. On fit avec pompe à Saint-Denis la
translation des reliques de ce saint apôtre de la
France. Un grand nombre d'évêques s'y trouvèrent
réunis, et M. de Boulogne prononça le discours,
qui rouloit sur la cérémonie même, sur les honneurs rendus aux saints martyrs, et sur les souvenirs et les exemples que rappeloit cette fête; nous
l'avons inséré dans cette collection. Les évêques profitèrent de cette circonstance pour délibérer sur les
affaires de l'Église : ils s'assemblèrent à l'issue de la
cérémonie; on lut un projet de lettre au Pape. Cette
lettre, examinée et discutée les jours suivans, fut
arrêtée le 3o mai, et signée de quarante évêques; les
prélats s'en remettoient à la sagesse du saint Père
pour les intérêts de l'église de France. Le 15 juin,
ils adressèrent au Roi une autre lettre, pour lui exprimer leurs vœux et leurs alarmes sur la situation
de la religion. Nous n'avons pas besoin de dire que,
dans ces rencontres, l'évêque de Troyes fit cause
commune avec ses collègues.

Peu après, un arrangement provisoire fut conclu;
on convint que les bulles seroient données aux évêques nommés à des sièges établis en 1801, et que les
autres érections et institutions seroient suspendues.
Pie VII annonça ces mesures provisoires par un bref
adressé, le 19 août 1819, aux évêques de France, et
ceux-ci, par une déclaration du 13 septembre, ad-
hérèrent à ce qu'avoit fait le saint Père. La transla-

1.   *f*

tion de M. de Boulogne à Vienne se trouva donc suspendue indéfiniment : depuis il renonça formellement à son titre, et témoigna en toutes rencontres sa disposition de souscrire à tout ce qui seroit statué par le saint siège sur les affaires de l'église de France. Le siège de Sens ayant été rétabli en 1821, le département de l'Yonne fut distrait du diocèse de Troyes; des brefs furent adressés à M. de Boulogne, pour l'avertir de cesser sa juridiction sur ce territoire, et pour le prévenir qu'il dépendroit désormais de la métropole de Sens, dont M. de La Fare prit possession le 27 novembre 1821. Quant à la suppression du siège de Vienne, elle se trouva consommée par la bulle *Paternæ charitatis*, en date du 6 octobre 1822. Le Pape, par un bref du 12 avril 1823, confirma l'évêque dans sa pleine juridiction sur le diocèse de Troyes, et le prélat l'en remercia par une lettre du 3 mai suivant.

Le mandement qu'il publia le 10 février 1820 est une éloquente réclamation contre l'orgueil et les prétentions du siècle, et contre les piéges tendus de toutes parts de nos jours à la jeunesse et à l'imprudence; piége dans la fausse tolérance, piége dans un prétendu progrès des lumières, piége dans une éducation toute philosophique. L'évêque faisoit allusion aux traverses dont il avoit été menacé pour son mandement de l'année précédente, et signaloit avec sa vigueur accoutumée l'esprit d'indépendance et l'amour des innovations qui caractérisent notre époque. L'évènement affreux qui, quelques jours après, mit la France en deuil lui parut justifier ses alarmes. Le prélat voulut aussi payer son tribut d'hommage à un prince, triste victime des fureurs des partis. Il prononça l'oraison funèbre du duc de Berri, le 19 avril, dans son église cathédrale, à l'occasion d'une assemblée de charité et d'un service demandé par l'association paternelle des chevaliers de Saint-Louis. Ce discours fut aussi prononcé à Paris le 1er juin, et depuis il a été imprimé.

Quoique M. de Boulogne eût quitté Avignon depuis long-temps, sa patrie ne pouvoit oublier un orateur qui lui faisoit tant d'honneur. En 1820, les royalistes d'Avignon songèrent à le choisir pour membre de la députation du département de Vaucluse. On lui écrivit pour lui en faire la proposition, et pour lui demander s'il payoit le cens exigé par la loi (1). Le prélat, dans sa réponse, remercia celui qui lui avoit fait part du vœu de ses compatriotes, et s'excusa de céder à leurs désirs. « Les évêques, disoit-il, sont à peu près convenus de ne pas accepter de nomination à la chambre des députés; leur place naturelle est à la chambre des pairs, et leur présence dans l'autre chambre ne seroit peut-être pas exempte d'inconvéniens. » Cette proposition n'eut donc aucune suite.

Les dernières années du prélat ne furent point oisives, et furent marquées par une suite de produc-

____

(1) On a trouvé, dans les papiers de M. de Boulogne, la lettre qui lui fut écrite à ce sujet par M. de Froment, secrétaire du cabinet du Roi; elle est datée de Versailles, le 30 août 1820.

tions dignes de son zèle et de son talent. Son mandement du 23 février 1821 est encore une réclamation vigoureuse en faveur de la religion et contre l'esprit du siècle; le prélat y annonçoit l'arrivée des missionnaires dans son diocèse, et répondoit aux reproches de leurs détracteurs. La même année, parut une *Instruction pastorale sur les mauvais livres*, et notamment sur les OEuvres complètes de Voltaire et de Rousseau; cette Instruction pastorale, qui est datée du 28 août 1821, et qui forme 76 pages in-8°, finit par renouveler les anciennes censures du clergé contre les livres irréligieux; elle a été réimprimée plusieurs fois, et traduite en anglais, en italien, en allemand, etc. Vers le même temps, le prélat installa successivement les Frères, le 8 avril à Bar-sur-Seine, et le 30 décembre à Troyes; le discours qu'il prononça dans cette dernière circonstance fut imprimé à la suite de son *Instruction pastorale sur l'éducation chrétienne*. Cette Instruction, datée du 19 février 1822, n'eut pas moins de succès que celle sur les mauvais livres : le prélat y déploroit vivement une horrible profanation commise le jour de Noël précédent à Arcis-sur-Aube. L'*Instruction pastorale sur les missions* est du 20 septembre 1822, et forme 56 pages in-8° : comme les précédentes, elle a été traduite en diverses langues. Le 3 janvier 1823, le prélat prêcha pour l'anniversaire de l'ouverture de l'église Sainte-Geneviève à Paris; il sut puiser, dans les souvenirs du passé mêlés au spectacle du présent, des rapprochemens inattendus, des pensées fortes,

des vérités frappantes. Le fond du discours étoit tiré
du sermon sur la vérité, avec une magnifique invo-
cation à sainte Geneviève. Le jeudi-saint suivant, le
prélat prêcha encore la Cène à la cour; et le 21 avril,
il porta la parole dans une assemblée de charité tenue à l'archevêché pour les missions. Enfin, nous ne
citerons plus que son *Instruction pastorale sur l'établissement de la dévotion au sacré Cœur;* elle est
du 2 mars 1824, et tint lieu de mandement pour le
Carême. Toutes ces instructions trouveront leur place
dans le volume des mandemens.

Tant de travaux pouvoient étonner à un âge où
la plupart des hommes ont besoin de repos. Les services que le prélat rendoit à l'Église et à l'État, par
ses discours et par ses écrits, méritoient une récompense : le Roi le créa pair de France, par ordonnance du 31 octobre 1822. M. de Boulogne assistoit
régulièrement aux séances de la chambre, mais il y
parloit assez rarement. Un discours qu'il prononça
le 30 avril 1824, dans la discussion sur les délits
dans les églises, excita les plaintes de M. de Lally-
Tolendal et de quelques autres pairs; on cria à l'intolérance, quoique l'orateur n'eût fait que s'élever,
avec une vigueur tout épiscopale, contre l'esprit d'indifférence du siècle, et contre le système des rédac-
teurs du code, qui s'étoient attachés à isoler la légis-
lation de la religion. Il déclaroit formellement qu'il
étoit fort éloigné d'avoir aucune vue hostile contre
les Protestans, mais il réclamoit contre l'omission du
mot de sacrilège, et contre l'affectation d'assimiler

en tout à la religion de l'État les cultes protestans. Sa réclamation n'étoit que trop juste, et quoi qu'on ait pu en dire dans le temps, on y fit droit, puisque le projet présenté l'année suivante étoit du moins exempt des deux défauts signalés par le prélat. Son discours ayant été imprimé depuis, on a pu juger de la valeur des reproches qu'on lui avoit adressés.

Nous avons trouvé dans les manuscrits du prélat un autre discours qu'il s'étoit proposé de prononcer à la chambre, dans la discussion sur le projet relatif aux communautés religieuses. Son discours porte la date du 13 juillet 1824, parce qu'il devoit être prononcé ce jour-là; mais la discussion ayant été fermée plus tôt que le prélat ne le croyoit, il ne prit point la parole. Le projet fut d'ailleurs rejeté, le 16 juillet, par une majorité de deux voix. M. de Boulogne ne parla point dans la discussion qui eut lieu l'année suivante sur un nouveau projet présenté par les ministres, relativement aux communautés religieuses de femmes.

Nous avons peu parlé de l'administration épiscopale du prélat. Distrait par ses travaux du cabinet, et par le soin de composer et de revoir ses discours, M. de Boulogne ne s'occupa point lui-même, autant qu'il l'auroit sans doute souhaité, des détails du gouvernement du diocèse, et il s'en reposoit le plus souvent sur ses grands-vicaires. Cependant il ne négligea point entièrement cette partie de ses devoirs. Nous avons vu que ce fut à ses instances que fut due la restitution de son grand séminaire. Le petit sémi-

naire étoit aussi trop resserré; le prélat acquit un
local, et construisit de nouveaux bâtimens qui le
mirent en état d'augmenter beaucoup le nombre des
élèves. Un pareil établissement fut formé à Sens pour
le département de l'Yonne, qui alors dépendoit encore
de Troyes. M. de Boulogne appela dans son diocèse
M. l'abbé Coudrin, chef d'une association d'ecclésiastiques; il le fit son grand-vicaire, et le chargea de
donner des missions en plusieurs villes et campagnes. Le prélat alloit quelquefois animer les ouvriers
évangéliques par sa présence, et couronner leurs travaux par quelque cérémonie édifiante, ou en adminis-
trant le sacrement de confirmation. Le 26 août 1823,
nous le voyons prononcer un discours pour l'ouverture du conseil de charité dont il étoit président. Le
21 septembre suivant, tout son clergé se trouva réuni
pour une retraite ecclésiastique dirigée par un mis-
sionnaire de France; l'évêque l'ouvrit et la termina
par des exhortations qu'il adressa lui-même à ses
coopérateurs, et il passa toute la retraite au milieu
d'eux. Son dernier acte pastoral est une ordonnance
du 11 novembre 1824, par laquelle il pourvoyoit aux
besoins de ses séminaires, et rappeloit aux prêtres
les règles de la discipline sur le costume de leur état
et sur l'âge de leurs domestiques.

M. de Boulogne étoit venu à Paris à la fin de 1824,
pour assister aux séances de la chambre des pairs;
depuis il n'a plus quitté la capitale. Sa santé paroissoit encore vigoureuse. Le 16 mars 1825, il porta la
parole dans une assemblée de charité pour les vic-

times de la révolution ; c'est la dernière fois que sa voix éloquente plaida la cause des malheureux. La réunion eut lieu dans un hôtel particulier, et l'orateur y prononça une partie de son beau discours : *la France veut son Dieu, la France veut son roi*. Il reçut ce jour-là même un bref du Pape régnant, qui l'autorisoit à porter le titre d'archevêque et à se revêtir du *pallium*. Ce bref, daté du 25 février, étoit conçu dans les termes les plus honorables, et rappeloit les travaux et les services du vénérable évêque (1). Le nonce de Sa Sainteté en France étoit chargé de lui imposer le *pallium* avec les cérémonies ordinaires.

Le prélat, malgré son âge avancé, se livroit encore aux travaux oratoires ; il venoit de terminer deux discours sur la décadence de l'éloquence et sur la décadence de l'éloquence de la chaire. Il avoit aussi préparé un discours pour le sacre, et il avoit l'intention de le publier sous la forme d'instruction pastorale. Le mardi 10 mai, après avoir passé la soirée dans la maison d'un seigneur aussi distingué par sa piété que par sa naissance (2), il se retira vers dix heures, suivant son usage ; avant de se coucher, il donna ordre à son domestique d'aller prévenir les dames Carmélites de la rue de Vaugirard, qu'il se proposoit de célébrer la messe dans leur église le jour de l'Ascension. Le lendemain matin, son domestique n'ayant point été appelé à l'heure ordinaire, força la porte,

(1) *Voyez* la note 8, à la fin.
(2) M. le marquis de Montmorency.

et trouva son maître par terre au pied du lit. On a
lieu de croire qu'en se levant pour appeler du secours,
le prélat étoit tombé et ne put se relever; il avoit
encore quelque connoissance, qu'il perdit peu après.
Les médecins furent appelés, et ne laissèrent point
d'espérance; on essaya vainement de dégager la tête
qui s'embarrassoit de plus en plus. M. l'archevêque
de Paris, M. le curé de Saint-Sulpice et plusieurs
autres personnes le visitèrent; son grand-vicaire le
confessa par signes, et M. le curé lui administra
l'extrême-onction le jeudi. Le prélat rendit le dernier
soupir le vendredi 13 mai, à une heure du matin :
il étoit âgé de soixante-dix-sept ans et quatre mois
et demi.

Ses obsèques eurent lieu le lendemain dans l'é-
glise Saint-Sulpice. MM. Coudrin et Hubert, grands-
vicaires du prélat, menoient le deuil; six évêques,
une députation de la chambre des pairs, des députés, des militaires, des personnes de distinction, des
amis, remplissoient la nef. M. l'archevêque de Bourges
fit les absoutes. Le corps fut porté au mont Valérien,
où M. l'évêque de Nanci voulut le conduire lui-
même; on le déposa dans la partie du cimetière ré-
servée pour les prélats et les ecclésiastiques, à côté
des restes de M. de Beauvais, évêque de Senez, et
de plusieurs prêtres et missionnaires.

La nouvelle de la mort du prélat étant parvenue
à Troyes, le chapitre célébra le 18 mai un service
solennel pour M. l'évêque. M. l'abbé Lucot, chanoine de la cathédrale et grand-vicaire du diocèse,

prononça une courte oraison funèbre, dans laquelle il rappela sommairement les travaux du prélat, ses prédications éloquentes, les traverses d'une double persécution qu'il eut à subir, et le zèle courageux qu'il montra pour la gloire de la religion. Nous aurions désiré pouvoir citer ici quelque chose de ce discours d'un homme qui avoit connu particulièrement M. de Boulogne, qui avoit joui de son estime et de sa confiance, et qui nourrissoit pour l'illustre évêque un attachement et une vénération particulière; mais la longueur de cette Notice ne nous a pas permis de nous étendre davantage : nous ajouterons seulement que le cœur du prélat fut porté à Troyes, suivant ses intentions, et déposé dans la cathédrale à côté des restes de ses prédécesseurs, et particulièrement de son prédécesseur immédiat, M. de La Tour-du-Pin-Montauban, dont la mémoire est chère à tout le diocèse.

M. de Boulogne n'ayant pas eu le temps de faire par testament les dispositions pieuses qui sans doute étoient dans son cœur, sa famille a cru remplir ses intentions en remettant en son nom 10,000 fr. pour le séminaire de Troyes, et 600 fr. pour la fabrique de la cathédrale.

NOTES ET PIÈCES

POUR

LA NOTICE HISTORIQUE.

NOTE 1. (*Voyez* la page xiij de la Notice.)

Il sera curieux de voir ce que des écrivains du temps ont dit de ce discours, et de l'effet qu'il produisit.

Nous citerons d'abord les *Mémoires* de Bachaumont.

« *Le 23 octobre* 1782. Depuis cent ans environ, il est d'usage que l'Académie des Sciences et l'Académie des Belles-lettres réunies entendent, le jour de saint Louis, le panégyrique de ce héros chrétien dans l'église de l'Oratoire. Sans doute il est difficile de rajeunir un pareil sujet, d'autant mieux que l'Académie française, depuis la même époque, en entend aussi un chaque année dans la chapelle du Louvre. Quel a dû être l'étonnement des deux premières Académies au discours de l'abbé de Boulogne, qui avoit entrepris la même tâche, lorsqu'elles ont été frappées des beautés neuves et soutenues dont il est rempli !

» Dès le début, de la plus grande magnificence, l'abbé de Gua de Malves, adjoint vétéran de l'Académie des sciences, s'imaginant que le prédicateur l'avoit pris sur un ton trop élévé, s'écria : *Voilà un sot ;* mais à la fin du discours il dit : *C'est moi qui suis un sot.*

» Vers le milieu de la première partie, M. le comte de Tressan, de la même Académie, subjugué par son enthousiasme, ne put s'empêcher de battre des mains, comme au théâtre, et la plupart de ses confrères l'ayant imité, le public les suivit; enfin, M. d'Alembert, plus froid, plus inébranlable pendant quelque temps, ne put résister à l'impulsion victorieuse de l'orateur.

» L'habitude où l'on est de ne voir que des panégyriques médiocres sur une matière aussi rebattue, écarte ordinairement de cette assemblée les grands littérateurs, en sorte qu'il n'y a guère que les académiciens obligés d'y assister, les amis de l'auteur et des séminaristes, des moines, des dévotes, et des oisifs n'ayant rien de mieux à faire. Lorsque l'on sut la sensation extraordinaire qu'avoit produite l'abbé de Boulogne, on ne pouvoit le croire. Il étoit, il est vrai, déjà avantageusement connu par son éloge du Dauphin; mais quelle différence de sujet! Les critiques difficiles ne pouvoient s'empêcher d'imaginer que ces louanges étoient exagérées. D'après les conseils des juges les plus sévères, l'auteur vient de faire imprimer son discours, et il se distribue d'avant-hier.

» Il faut convenir qu'à la lecture même il justifie les applaudissemens des deux savantes compagnies devant lesquelles il a été prononcé. C'est la force de *Bossuet*, c'est l'onction de *Fénelon*. L'auteur a eu l'art d'y fondre la vie entière de saint Louis; et de ces faits communs à tous ceux qui l'ont précédé, par la façon de les préparer, de les placer, de les enchaîner, il a fait sortir un éloge de ce prince, si clair, si lumineux, si vrai, qu'on semble l'avoir méconnu jusqu'à présent, et ne lui avoir pas encore assigné la place qu'il mérite au-dessus des plus grands rois de la monarchie française. Du reste, des morceaux de force, des digressions touchantes, le varient merveilleusement, et ne laissent jamais l'ame du lecteur en repos; mais le chef-d'œuvre du talent de l'auteur, c'est d'avoir accordé la religion avec la philosophie, la morale avec la politique, et d'avoir ainsi réuni tous les suffrages.

» Le style est sain, simple, noble, ferme et sans manière. »

> (*Mémoires secrets pour servir à l'Histoire de la république des lettres en France.* Londres, 1783, tome XXI, page 182.)

D'un autre côté, voici le jugement plus sévère des continuateurs de Fréron :

« D'un côté, de la chaleur, du mouvement, une rapidité entraînante, un torrent impétueux d'expressions et d'idées, une richesse étonnante d'imagination; de l'autre, l'abus continuel et *révoltant* des énumérations, des antithèses et des parallèles symétriques, l'emploi trop fréquent des formules des rhéteurs, et surtout de l'interrogation, l'ambition de tout dire; la vérité, la clarté, la correction sacrifiées à de faux brillans, à de vains jeux de mots, l'affectation et la recherche de Fléchier avec moins d'harmonie, de finesse et de précision dans les pensées, de choix et de délicatesse dans le style : tel est le contraste frappant que présente ce discours, où *fourmillent* les beautés et les défauts. L'auteur annonce les plus grands talens; mais jusqu'ici sa jeunesse a été égarée par le mauvais goût du siècle, la contagion de l'exemple, et le désir excessif de briller. Il a donné assez de preuves d'esprit; il est temps qu'il aspire à une gloire plus solide. Si, dédaignant les ornemens frivoles et les prestiges d'un art mensonger, il veut n'écouter désormais que la na-

ture et son génie, il peut se placer parmi nos plus il-
lustres orateurs. »

(*Année littéraire de Fréron*, année 1782, tome **VII**.)

NOTE 2. (*Voyez* la page xlv de la Notice.)

LETTRE ADRESSÉE A N. T. S. P. LE PAPE PIE VII PAR LES
CARDINAUX, ARCHEVÊQUES ET ÉVÊQUES DE FRANCE
ÉTANT A PARIS, LE   AVRIL 1810 (1).

TRÈS-SAINT PÈRE,

Les évêques de France soussignés se voient encore dans
la nécessité de recourir à **V. S.** pour supplier sa bonté

(1) En marge est écrit de la main de M. de Boulogne : *Lettre faite par
moi, évêque de Troyes, et envoyée, telle qu'elle est ici, au Pape. L'original, signé d'une vingtaine d'évêques, qui étoient alors à Paris, se
trouve aujourd'hui dans les bureaux de la police, ayant été saisi à Savone. La lettre fut envoyée au Pape, après avoir été communiquée à
l'Empereur, qui l'approuva.*

M. de Boulogne ne donne à cette lettre que la date vague d'avril 1810;
dans les *Fragmens* de M. de Barral, la lettre porte la date du 25 mars
1810. *Voyez* dans ces *Fragmens*, pages 60-70, la différence qui se trouve
entre les deux copies de la lettre.

A la tête de cette lettre, dans les *Fragmens*, M. de Barral a mis un
Avertissement, où, tout en donnant de grandes louanges à l'évêque de
Troyes, il semble opposer le vœu de ce prélat en 1810 avec sa conduite
au concile. Cet *Avertissement*, page 58 du volume, a paru empreint
d'une légère ironie; M. de Boulogne dut y être sensible, et a laissé dans
ses papiers une note en réponse aux insinuations de l'archevêque de
Tours; il nous paroît juste de donner ici au moins un extrait de cette note;

« La lettre des dix-neuf évêques fut écrite plus d'un an avant la con-
vocation du concile national; il n'étoit point encore question à cette

paternelle de leur accorder une ampliation de son dernier indult sur les dispenses de mariage au second degré.

Appelés à Paris pour les affaires de leurs diocèses, ils ont pensé qu'il n'y en avoit point qui intéressât davantage leur sollicitude, que la démarche qu'ils font aujourd'hui auprès de Votre Sainteté. Ils auroient bien voulu lui épargner cette nouvelle importunité, qui peut-être ne fera qu'ajouter à ses peines; mais les circonstances deviennent de jour en jour si urgentes et si impérieuses, qu'il ne leur est plus possible de différer plus long-temps la demande de cette grâce, sans compromettre le bien de leurs églises et le salut des ames confiées à leurs soins.

A cet effet, ils se sont réunis chez son altesse éminentissime le cardinal Fesch, pour aviser aux moyens d'obvier aux embarras toujours croissans relativement à ces dispenses, et prendre à cet égard une marche commune

époque d'un concile, et le *vœu éventuel* que me prête M. de Barral n'a aucun fondement. Il est vrai que cette lettre fut d'abord rédigée par moi; mais je fus obligé de la lire en pleine assemblée, où chacun fit ses observations, et proposa des changemens, suppressions et modifications; de sorte que cette lettre ne pourroit plus, à proprement parler, être regardée comme mon ouvrage.

» L'éditeur dit qu'on y reconnoît ma *touche éloquente* et mon *style véhément;* il n'y a rien de tout cela dans la lettre, grâce aux diverses mutilations que je fus obligé d'y faire pour me conformer aux observations bonnes ou mauvaises des membres de l'assemblée. Bien loin donc d'accepter les complimens que l'éditeur des *Fragmens* veut bien me faire, j'y renonce de tout mon cœur, et je prie les lecteurs de vouloir bien ne pas juger sur cette lettre ni de mon *style* ni de mon *éloquence.*

» L'éditeur en cite un fragment qu'il appelle une *apostrophe à Sa Sainteté.* Le mot est un peu fort, il se prend ordinairement en mauvaise part. Une *apostrophe* au Pape de la part des évêques auroit été au moins fort déplacée: l'éditeur le savoit sans doute; et si j'avois ici quelque apostrophe à faire, ce seroit à lui-même, qui a voulu, je crois, s'amuser à mes dépens, mais qui ne s'est point exprimé ici avec l'exactitude et la candeur d'un homme bien impartial. »

et une règle uniforme de conduite; et après avoir discuté la matière avec toute l'attention dont elle est digne, ils ont délibéré d'adresser à V. S. la présente supplique, pour qu'elle daigne leur accorder, non plus seulement, comme dans le premier indult, le pouvoir de dispenser un certain nombre de fois, mais la faculté entière, pour un temps limité, de dispenser des empêchemens dont il s'agit, en chargeant la conscience des évêques. En restreignant au nombre de trente, pour deux années, les dispenses au second degré, V. S. a cru sans doute qu'elle pourvoyoit suffisamment et raisonnablement aux besoins de tous les diocèses, et nous ne doutons pas que si elle avoit cru que ce nombre fût si disproportionné avec nos besoins, elle ne nous eût donné pour ces dispenses une plus grande latitude; mais, outre qu'elle a traité également tous les diocèses, les plus vastes comme les plus petits, outre qu'elle n'a fait aucune différence entre les diocèses éloignés de Paris, et où les mœurs, moins déréglées, nécessitent moins de dispenses, et ceux qui, près de la capitale, participent davantage à sa corruption, et où par conséquent les dispenses doivent plus se multiplier, et qu'ainsi il y a évidemment une disproportion relative de diocèse à diocèse, il n'est pas moins également constant qu'il y a une disproportion absolue entre les bornes qu'elle a mises à nos facultés, et la multiplicité de mariages entre parens, qui tient aux temps, aux mœurs, aux localités, à l'immense population de nos églises, et enfin à mille autres circonstances extraordinaires où nous nous trouvons. Il est fâcheux que V. S. n'ait pas été plus à portée de juger par elle-même de la véritable situation des choses; et sans doute qu'elle auroit davantage étendu son indult, si elle avoit eu tous les moyens de la connoître. C'est donc à votre prudence, T. S. P., et aux lumières que V. S. peut acquérir de nous, sur un objet si important, qu'elle doit s'en rapporter, pour ne pas se tromper, s'éclairer elle-même, et agir ici avec cette sagesse qui la caractérise, et cette justice qui est dans son cœur.

Le nombre des dispenses que nous nous voyons contraints d'accorder paroît sans doute exorbitant, et nous concevons parfaitement comment V. S. peut en être extrêmement surprise; mais il cesse cependant d'exister autant d'étonnement, lorsque l'on réfléchit que les mariages entre parens ont dû nécessairement devenir plus fréquens par quatre raisons principales, 1° parce qu'on veut éviter le partage des biens avec des familles étrangères; 2° parce que les familles ont intérêt de préférer à une étrangère une parente qui resteroit dans le célibat vu la rareté des époux; 3° parce que la crainte de la conscription militaire détermine précipitamment le choix en faveur d'une parente; 4° parce qu'un reste d'esprit de parti et de différence d'opinions porte à préférer quelqu'un de la famille dont l'opinion est connue, à un étranger dont on craint ou dont on n'aime pas la manière de penser.

Ces considérations, T. S. P., sans parler de beaucoup d'autres qui pourroient être mises sous les yeux de V. S. sont dignes de toute son attention, et elles le sont d'autant plus, que les évêques n'ont aucun pouvoir pour y remédier, et que leur résistance ne tourneroit qu'au détriment de la religion, et ne serviroit qu'à multiplier les scandales; car que de scandales et de malheurs résulteroient du refus de ces dispenses! De là la funeste habitude que les peuples contracteroient de se passer de mariages religieux, dont ils n'ont plus besoin, ni pour mettre leur honneur à couvert, ni pour mettre en sûreté

I.   9 l'état de leurs enfans ; de là l'éloignement de tout exercice de religion, et le mépris des choses saintes de la part de tous ceux qui, n'étant point mariés par l'Eglise, ne craignent pas de rompre tout rapport avec l'Église, ou n'en conservent que pour susciter à leurs pasteurs des tracasseries fâcheuses, qui deviennent par contre-coup pour les évêques une source intarissable d'inquiétudes et d'embarras ; de là enfin le danger presque inévitable de voir périr entièrement la religion chez tant d'hommes, qui, laissant leur union sans sacrement, laisseroient également leurs enfans sans baptême et sans éducation chrétienne, et se précipiteroient dans la mort de l'indifférence.

La multiplicité des dispenses du second degré est telle, par les raisons alléguées ci-dessus, que, dans le temps même que le recours à Rome étoit encore facile, les évêques de France avoient la douleur de voir renouveler souvent le scandale des mariages purement civils, tantôt parce que les parties prétendoient n'avoir pas le temps d'attendre, et tantôt parce qu'elles alléguoient leur impossibilité de payer le droit exigé. Que sera-ce donc maintenant où ce recours est devenu presque impossible, par le départ des prélats délégués par V. S., par le transport de la daterie, et par mille autres évènemens subséquens, dont il est impossible de calculer les résultats et de prévoir les conséquences ?

V. S. objectera peut-être qu'il n'y a pas de plus grand scandale que cette prodigalité sans bornes de dispenses entre parens ; qu'un peuple aussi mal disposé se montre d'autant plus indigne de l'indult qu'on sollicite en sa faveur, qu'il est plus porté à en abuser, et qu'ainsi les moyens mêmes qu'on emploie pour l'obtenir sont autant de raisons de résistance et de refus.

Nous avouons, T. S. P., que c'est là un des grands inconvéniens de notre position, et nous sommes sans doute les premiers à en gémir; mais de deux maux, il faut choisir le moindre, et il y a certainement moins de danger à mettre dans les dispenses entre parens une si grande facilité, que d'exposer un si grand nombre de personnes à s'en passer entièrement, à séculariser leurs mariages, et à couper ainsi ce fil précieux qui les unit encore à leurs pasteurs, et les sauve de la tentation de s'affranchir de tout respect envers l'Église et de tout devoir envers Dieu. D'après ces importantes considérations, T. S. P., nous avons tous pensé que nous ne pouvons pas rester plus long-temps dans cet état d'anxiété et d'inquiétudes, et que telle est la grandeur du mal et la nécessité d'un prompt remède, que si nous ne recevions pas d'ici à deux mois l'honneur de la réponse de V. S., nous nous regarderions alors suffisamment autorisés à croire qu'elle n'a pu nous parvenir; que tout recours à elle est par conséquent impossible; qu'il existe donc des obstacles dans les communications que ni elle ni nous ne pouvons surmonter; et que d'après le principe avoué de tous les théologiens, que le droit papal qui ne peut plus s'exercer devient le droit épiscopal, nous serions par ce seul fait dans la nécessité d'accorder ces dispenses.

En assignant ainsi à V. S. un terme qui peut-être lui paroîtra court, nous sommes bien éloignés de prétendre lui faire la loi, ni porter la moindre atteinte à la majesté du siège apostolique. Elle a sans doute trop bon esprit, et elle connoît trop nos sentimens d'amour et de révérence filiale, dont nous ne nous permettrons jamais de nous départir, pour voir dans notre détermination une démarche hostile et un signal d'insubordination.

A Dieu ne plaise, T. S. P., que nous puissions jamais méconnoître en vous cette suprême autorité qui est le garant de la vôtre, et à laquelle nous tiendrons invariablement, autant par honneur que par devoir, autant par intérêt que par conscience ! Mais ce n'est pas méconnoître une autorité, que de l'éclairer avec respect et de l'invoquer avec confiance ; ce n'est pas la méconnoître, que de ne vouloir l'exercer qu'avec les clauses et réserves qui l'attestent et qui la supposent. Il y a plus ; en nous accordant la grâce que nous sollicitons, V. S. fait un acte conservatoire de son autorité, parce que, dans le cas où elle refuseroit de nous la communiquer par condescendance et par indult, elle se verroit dans le cas de la perdre entièrement et peut-être pour toujours, par le seul fait de la nécessité et par la force irrésistible des évènemens mêmes.

Nous avons donc la ferme confiance que V. S. voudra bien prendre part à nos peines, comme nous partageons si vivement les siennes, en se rendant à nos humbles prières, et en nous accordant, dans sa bonté, des pouvoirs sans restriction, comme la position où nous nous trouvons est sans exemple.

Permettez-nous encore, T. S. P., de profiter de cette circonstance pour porter à vos pieds de nouvelles supplications relativement à la viduité de nos églises, qui, depuis si long-temps, attendent de V. S. des supérieurs et des chefs canoniques. Quel affligeant tableau que celui de voir la vacance de tant de sièges, qui va s'accroître chaque jour, ajoutée à la diminution progressive des ministres inférieurs, à laquelle tout notre zèle ne sauroit apporter remède, et à cette disette effrayante d'ouvriers évangéliques, qui semble menacer la foi et les mœurs des campagnes d'une ruine entière. Nous n'avons garde, T. S. P., de vouloir discuter ici les raisons qui dirigent la conduite de V. S. dans le parti d'inflexibilité qu'elle semble avoir pris à l'égard des bulles ; mais nous croyons pouvoir lui représenter, avec tout le respect que nous devons à sa dignité autant qu'à ses malheurs, que, quelles que soient ces raisons, quels que soient les motifs de plainte qu'elle puisse avoir d'ailleurs, quelque fondées que puissent être ses répugnances, quelque dure et pénible que puisse être sa position, il n'en est pas moins évident que, dans toutes les situations possibles, elle ne sauroit persister dans une résistance qui nécessairement, et plus tôt ou plus tard, doit avoir un terme. Il est sans doute beau de se montrer imperturbable au milieu des orages, et impassible au milieu des plus grands revers : mais peut-être qu'il ne l'est pas moins de savoir céder à propos ; et si la vigueur apostolique est un véritable devoir, il peut y avoir quelquefois de la grandeur et de la gloire à se laisser vaincre. Nous supplions V. S. de ne jamais perdre de vue ces considérations, et de bien se convaincre de la nécessité d'unir à la science des choses divines, qu'elle possède éminemment, la science des hommes et des temps, pour s'élever au-dessus des circonstances inouies où le ciel l'a placée, et des grandes épreuves que la Providence semble avoir réservées à ses grandes vertus.

V. S. a sauvé l'église de France par le Concordat, et l'a tirée d'un abîme d'où jamais elle ne fût sortie sans son intervention et le concours de son autorité : elle étoit déjà la fille de l'Eglise romaine, qui l'a nourrie de son lait, suivant l'expression d'un de nos plus célèbres évêques ; elle est devenue aujourd'hui votre propre fille, parce que vous l'avez engendrée, renouvelée, créée par vos soins paternels et votre suprême puissance. Ce renouvellement, T. S. P., a été fait par le plus grand acte de pouvoir que jamais pape ait exercé sur une église nationale, et bien loin que nous nous soyons plaints de cet acte extraordinaire, nous avons, au contraire, félicité V. S. de s'être ainsi élevée au-dessus des règles communes, et d'avoir su par là rendre hommage à cette loi suprême, qu'a établie la Providence dans l'Eglise comme dans l'Etat, loi de la nécessité qui légitime tout dès qu'il s'agit du salut public. Or cette église, qui est devenue comme votre ouvrage, voudriez-vous, T. S. P., l'abandonner à elle-même, en refusant de lui donner les évêques qu'elle réclame, pour vous en tenir à des formes non essentielles, dont l'omission temporaire ne peut nullement compromettre, ni les vrais intérêts du saint siège, ni les principes de la religion; et la réduire ainsi à la triste nécessité et à l'extrémité fâcheuse de pourvoir elle-même aux besoins des fidèles et à sa propre conservation?

Nous vous conjurons donc, T. S. P., par cette piété tendre, cet amour pour l'Eglise, cette douceur inaltérable et cette simplicité digne des temps apostoliques que l'univers admire en vous, de vous hâter de venir au secours de nos églises par la concession de vos bulles et l'ampliation de votre indult, et de prévenir par là les maux incalculables qui résulteroient inévitablement d'un refus prolongé.

Nous pourrions, à tous ces motifs, T. S. P., en ajouter un dernier qui ne sauroit nous être étranger, c'est l'état déplorable de la catholicité européenne, c'est la désolation des églises d'Allemagne, d'Espagne et d'Italie, où tant de peuples errent également comme des brebis sans

pasteurs, ainsi que parle l'Evangile. Nous ne saurions
être insensibles au sort de ces églises jadis si florissantes,
ni les oublier dans nos vœux et nos supplications auprès
de V. S. ; car l'épiscopat est un, et nous sommes tous
solidaires; tous avec vous, T. S. P., quoiqu'après vous
et au-dessous de vous, tous nous devons porter le fardeau
de toutes les églises qui souffrent, et nous serions bien
peu dignes du ministère que nous exerçons, si, ren-
fermés dans nos diocèses particuliers, nous ne prenions
aucune part à l'intérêt général de l'Eglise entière, de
cette Eglise que Jésus-Christ a posée sur le fondement
des apôtres, et par conséquent des évêques, héritiers de
leur caractère comme de leur mission. V. S. n'est pas
sans doute responsable de tous ces maux qu'elle déplore
comme nous; mais s'il y auroit une souveraine injustice
à lui imputer des malheurs qu'elle n'a pu ni prévoir ni
empêcher, il n'y en a point à lui représenter que, si par
un nouveau Concordat elle ne se hâte de venir au secours
de ces églises en souffrance, elle n'ait la douleur d'y voir
périr jusqu'aux dernières traces de la foi catholique.

Nous aimons à croire, T. S. P., que vous trouverez
dans ce triste état des choses une raison de plus d'ac-
cueillir favorablement les prières que nous lui adressons
en faveur de l'église de France, et nous ne doutons nullement qu'elle ne voudra pas, par une fermeté et une
résistance inutiles, augmenter encore les malheurs de la
catholicité, ajouter encore plaie sur plaie, en laissant sans
l'institution usitée les évêques d'une église si étendue, si
importante, qui offre encore pour le bien de si grandes
ressources, qui peut encore consoler V. S. par toutes les
améliorations dont elle est susceptible, et à la destinée
de laquelle semble attachée celle de l'univers chrétien.

Tels sont, T. S. P., les sentimens et les vœux des évêques de France soussignés, qui, prosternés aux pieds de V. S., lui demandent sa bénédiction paternelle, en la priant de ne voir d'autre but dans la présente lettre, que le salut des ames, la gloire du saint siège et le bonheur du pontife qui l'occupe si dignement.

Vos très-dévots fils.

(Les signataires étoient le cardinal Fesch, MM. Primat, archevêque de Toulouse; de Barral, archevêque de Tours; de Pradt, archevêque de Malines; Canaveri, évêque de Verceil; Villaret, évêque de Casal; Rousseau, évêque d'Orléans; Mannay, évêque de Trèves; Duvoisin, évêque de Nantes; Dessoles, évêque de Chambéry; Demandolx, évêque d'Amiens; de Lauraguais, évêque d'Arras; Jauffret, évêque de Metz; de Boulogne, évêque de Troyes; Charrier de La Roche, évêque de Versailles; de Faudoas, évêque de Meaux; Imberties, évêque d'Autun; Fournier, évêque de Montpellier, et de Beaulieu, évêque de Soissons.)

<hr>

NOTE 5.

LETTRE DU MINISTRE DES CULTES AUX GRANDS-VICAIRES DE TROYES.

Paris, ce 30 avril 1813.

Messieurs les vicaires-généraux, j'ai reçu l'envoi que vous m'avez fait, le 25 de ce mois, de la délibération du chapitre de Troyes.

Je vois qu'on y élève des doutes qui ne sont pas fondés.

Le chapitre peut et doit donner des pouvoirs de juridiction à M. de Cussy, nommé par l'Empereur évêque de ce diocèse.

Il peut les lui donner, puisque, les choses étant dans le même état où elles sont aujourd'hui, il a déjà décidé qu'il étoit dans le cas d'investir de pouvoirs semblables les deux grands-vicaires actuellement en exercice. M. de Cussy n'est pas moins susceptible de ces pouvoirs, que l'étoient les deux ecclésiastiques nommés vicaires-généraux en conséquence de la démission de M. de Boulogne, à moins que l'on ne prétende lui opposer la qualité d'évêque nommé par l'Empereur, ce qui seroit encore plus déraisonnable qu'injurieux pour Sa Majesté.

Le chapitre voudroit savoir si la démission de M. de Boulogne a été acceptée par le Pape. Le chapitre n'a pas le droit de faire au gouvernement cette question, parce qu'il ne s'agit pas du caractère épiscopal dont M. de Cussy ne sera revêtu que par l'institution canonique, et cette institution sera une conséquence de l'acceptation de la démission par le Pape. Il lui suffira de savoir que, dans l'état actuel des affaires générales avec la cour pontificale, et pour l'exécution même des concordats, la mesure provisoire dont il s'agit n'est pas moins nécessaire.

Quant aux pouvoirs capitulaires, il suffit que le chapitre connoisse officiellement la démission, pour qu'il soit de son devoir de pourvoir à l'administration du diocèse.

Sans doute, si M. de Boulogne, ayant l'aveu du gouvernement, vouloit continuer à exercer la juridiction spirituelle après sa démission, et avant l'intervention de l'autorité pontificale, le chapitre ne pourroit pas le priver de l'exercice de cette juridiction, quoique des

chapitres en aient élevé la prétention ; mais lorsqu'un
évêque démis est, avant l'institution de son successeur,
éloigné de son diocèse par l'autorité souveraine, et avec
défense d'y avoir aucune communication, le chapitre
auquel cette volonté souveraine est déclarée ne peut
pas se dispenser de pourvoir à l'administration. M. de
Boulogne a même, outre sa démission, signé un acte où
sont ces propres expressions :…. *Je prends l'engagement
d'honneur de n'entretenir aucune correspondance avec
mon ancien diocèse, sauf les affaires personnelles et concernant mes intérêts, promettant en outre de ne m'occuper
aucunement d'affaires ecclésiastiques.*

Il est en effet, dans la discipline ecclésiastique, que
l'obligation de nommer des vicaires capitulaires soit im-
posée aux chapitres, non-seulement par suite de la démission qu'auroit acceptée le supérieur ecclésiastique,
mais encore à raison de l'éloignement de l'évêque, ne
pouvant plus avoir aucune communication avec son diocèse. L'évêque ne peut même, dans ce cas, avoir de délégués, puisque ceux-ci se trouveroient en opposition
avec le gouvernement, sans l'aveu duquel ils ne pourroient administrer, et que dès-lors ils s'exposeroient au
même éloignement.

Il s'opère alors, outre la vacance résultant de la démission, une vacance de fait, qui met le chapitre en
possession de la juridiction épiscopale, et cette vacance
est encore plus positive, lorsque, comme dans les circonstances actuelles, il ne peut y avoir aucun espoir de
retour.

Il doit toujours exister dans un diocèse, qui est une
église parfaite, un principe de juridiction et de pouvoir
spirituel. Or, il est évident que ce principe ne peut rési-

der dans la personne de M. de Boulogne, 1° parce qu'il
y a renoncé par sa démission; 2° parce que des ordres
souverains lui interdisent toute communication avec son
diocèse; 3° parce que des actes postérieurs de sa part, et
où il s'est engagé d'honneur, ajouteroient encore, s'il en
étoit besoin, à l'engagement pris par lui, de n'exercer
aucune fonction épiscopale; et, à défaut de l'évêque,
c'est dans le chapitre seul que peut résider maintenant
le principe de la juridiction spirituelle, et nul ne peut
lui contester le droit de léguer l'exercice à M. de Cussy,
comme il l'a déjà fait aux grands-vicaires actuellement
en exercice.

Si le chapitre peut donner les pouvoirs de juridiction
à M. de Cussy, il est dans l'obligation rigoureuse de le
faire. Cette mesure est la seule qui puisse concilier l'observation des règles canoniques avec la volonté de l'Empereur, la seule qui puisse assurer et perpétuer dans le
diocèse de Troyes le libre et légitime exercice des pouvoirs spirituels, et y maintenir la paix civile et religieuse.

Vous communiquerez officiellement cette lettre au chapitre.

NOTE 4.

QUESTIONS PORTÉES A FONTAINEBLEAU, AVEC LES
RÉPONSES, EN JUILLET 1815.

Demande. Au moment où M. de Boulogne est sorti
de Vincennes, le ministre des cultes a demandé d'autorité, au chapitre de Troyes, de nommer dans son

sein deux grands-vicaires capitulaires. Le chapitre a cru devoir obtempérer, et a nommé deux de ses membres, qui étoient vicaires-généraux de M. de Boulogne : ils ont depuis ce temps exercé comme grands-vicaires du chapitre, et ont mis à la tête de tous les actes : *Sede vacante*.

Réponse. M. de Boulogne étant toujours seul légitime évêque de Troyes, et seul revêtu de la juridiction, le chapitre n'a pu en donner aucune à ceux qu'il a nommés grands-vicaires.

D. Mais M. de Boulogne a donné sa démission.

R. Cette démission n'ayant pas été acceptée par le souverain pontife, et n'ayant pas été donnée *spontanément*, doit être regardée comme non-avenue, et reste absolument nulle.

D. M. de Boulogne, outre sa démission, s'est engagé d'honneur à ne plus administrer son diocèse.

R. M. de Boulogne eût mieux fait de ne pas prendre cet engagement; mais il n'a pas plus de force que sa démission, il n'est pas plus spontané, et il est par là même frappé de nullité, le souverain pontife pouvant seul décharger M. de Boulogne de l'administration de son diocèse.

D. En vertu de ces deux actes que vous rejetez, le chapitre, qui avoit précédemment nommé deux grands-vicaires, a cru devoir donner lui-même des pouvoirs à M. de Cussy, évêque nommé, sur la demande impérieusement réitérée du ministre des cultes.

R. Ces pouvoirs donnés par le chapitre, qui n'en a aucun, sont absolument nuls : nous ne connoissons point M. de Cussy, c'est un intrus, un schismatique. M. de Boulogne est le seul et légitime évêque de Troyes. S'il a renoncé à gouverner immédiatement le diocèse dont il est l'unique pasteur, il n'a pu, sans l'autorisation du souverain pontife, y renoncer par les grands-vicaires qui le représentent, et qui doivent administrer en son nom et sous son autorité. Tant qu'il ne révoquera pas les pouvoirs qu'il leur a donnés, ils resteront chargés de la conduite du diocèse : on ne peut, dans aucun cas, avoir recours à la prétendue juridiction du chapitre ou de ses représentans.

D. Permettez-moi de vous ajouter ici les autorités sur lesquelles le chapitre de Troyes a appuyé sa conduite. Vous savez, sans doute, que *Ferrari* assure qu'un siège vaque *per relegationem episcopi.*

R. Je connois cet auteur, et je pourrois même vous dire que je le sais par cœur ; mais il n'a pas été entendu par le chapitre. Si l'on pouvoit l'interpréter comme ce dernier, ne s'ensuivroit-il pas que le siège de Rome seroit aussi vacant ? Et vous savez ce que pense l'Eglise à cet égard.

D. Mais le cardinal Zelada, écrivant aux vicaires-généraux d'Autun, à la naissance de l'église constitutionnelle, assure encore que l'évêque qui renonce à son diocèse ne peut plus gouverner par lui-même ni par ses grands-vicaires.

R. Nulle parité dans le cas de l'évêque d'Autun et dans celui de l'évêque de Troyes. Le premier, apostat sacrilège par la consécration de plusieurs évêques de l'église adultère, avoit renoncé à son siège, et avoit transmis son autorité à un intrus : ces faits étoient notoires, et connus de ses anciens grands-vicaires dont il révoquoit par là même les pouvoirs. La conduite du second prélat, bien connue de toute l'église gallicane, n'a aucun trait de ressemblance avec celle de l'évêque d'Autun : c'est la violence qui le tient éloigné de son siège, et les pouvoirs de ses anciens vicaires-généraux ne sont pas révoqués.

D. Permettez-moi cependant de vous répliquer que le Pape, par une lettre du cardinal di Pietro, a paru approuver l'ouvrage du chapitre, en lui donnant le pouvoir d'accorder des dispenses *au second degré*, après la signature des bases du dernier Concordat.

R. Ce n'est point au chapitre ni à ceux qui se disent ses grands-vicaires, mais bien *aux vicaires-généraux de M. de Boulogne* que le Pape a continué ce pouvoir, précédemment accordé à M. l'évêque, jusqu'à l'époque où MM. les grands-vicaires du diocèse en faisoient la demande. Le Pape ne connoît que la juridiction du légitime possesseur, qui demeure seul évêque de Troyes. Quant au Concordat dont vous nous parlez, vous devez le regarder comme non-avenu, et il ne peut avoir de vigueur, puisqu'il n'a pas été définitivement arrêté.

***

NOTE 5.

Elle comprend trois pièces :

I. — COPIE DE LA LETTRE DU PRÉFET DE CAEN AU SOUS-PRÉFET DE FALAISE.

M. de Boulogne, Monsieur et cher collaborateur, ex-évêque de Troyes, en surveillance à Falaise, a souscrit, dans le mois de décembre 1811, l'engagement de ne prendre aucune part aux affaires ecclésiastiques de son diocèse, et de n'entretenir à ce sujet aucune communication avec qui que ce soit.

S. Exc. le ministre de la police générale a lieu de croire que M. de Boulogne n'a pas rempli cet engagement avec la fidélité qu'on devoit attendre de lui.

Je vous transmets ci-joint le modèle d'une déclaration que S. Exc. me charge de lui demander, et qui doit être écrite et signée de sa main. Ce texte, au surplus, n'est pas d'une rigueur absolue : si M. de Boulogne veut y faire quelque changement dans la rédaction, vous pourrez le permettre, pourvu toutefois que le sens et la teneur de l'acte n'en soient nullement altérés.

S. Exc. présume que M. de Boulogne n'hésitera pas à donner cette déclaration, qui au fond ne diffère en rien de celle qu'il a donnée en décembre 1811. S'il refusoit cette garantie de ses dispositions, non-seulement il confirmeroit les nouvelles préventions élevées contre lui, mais il se constitueroit en opposition ouverte avec le gouvernement. Il seroit inutile au surplus que M. de Boulogne énonce dans sa déclaration qu'elle lui a été demandée par l'autorité supérieure.

II. — DÉCLARATION DE M. DE BOULOGNE.

Sur la connoissance qui m'a été donnée que S. M., par décret du 14 février dernier, a nommé M. de Cussy à l'évêché de Troyes, moi, soussigné, pour me conformer aux ordres qui m'ont été donnés à cette occasion par le gouvernement, renouvelle, en tant que de besoin, l'engagement souscrit au donjon de Vincennes au mois de décembre 1811, de ne point me mêler aux affaires de l'évêché dont j'avois déjà donné ma démission en date du 26 novembre. Je déclare que tous pouvoirs que j'aurois précédemment donnés ont cessé, sans que qui que ce soit puisse en user légitimement, soit par substitution ou délégation ; que s'il existe encore de pareils pouvoirs dans les mains de qui que ce soit, ils sont et demeurent nuls, ne conservant ainsi aucune part, ni directe ni indirecte, comme j'ai fait depuis que je suis à Falaise, à l'administration, soit temporelle, soit spirituelle du diocèse, ainsi que je l'ai fait depuis que je suis en exil dans cette ville ; n'entendant au surplus, par le présent écrit, vouloir rien faire de tout ce qui pourroit être contraire aux règles établies et blesser les libertés de l'église gallicane, relativement à la vacance des sièges et à la démission canonique des évêques.

Fait à Falaise, ce 4 septembre 1813.

† Et. anc. évêque de Troyes.

III. — LETTRE AU SOUS-PRÉFET DE FALAISE EN LUI ENVOYANT LA DÉCLARATION CI-JOINTE.

J'ai l'honneur de vous envoyer, Monsieur, la déclaration qui m'a été demandée par M. le préfet du Calvados, au nom et par les ordres de S. Exc. le ministre de la police générale. Vous verrez que, quoiqu'elle diffère, par les accessoires, de celle qui m'a été demandée, je n'y ai rien omis de tout ce qui en fait le fond et en constitue le but, lequel consiste dans la révocation de mes pouvoirs et l'engagement de ne me mêler en aucune manière des affaires du diocèse. Si j'y ai fait quelques changemens, comme d'ailleurs il m'étoit permis de le faire, c'est que dans sa teneur rigoureuse elle m'auroit

fait parler un langage que je crois totalement contraire
aux bonnes règles, et encore n'est-il pas dit que celle-ci,
telle qu'elle est énoncée, ne violente pas ma conscience.
C'est un sacrifice que je fais à la crainte, et à ma soumission au gouvernement : j'aime à croire que ce sera le
dernier, et qu'après m'avoir dépouillé de tout, on n'a-
joutera pas encore à la rigueur si peu méritée de ma position, en me forçant encore de donner dans mon exil
des déclarations et formulaires de doctrine qui me fe-
roient entrer dans des questions épineuses, sur lesquelles
je ne veux ni ne peux prononcer. Je vous prie, Monsieur, de vouloir bien dire à M. le préfet combien vous
m'avez vu vivement affecté à cette occasion. Je crois de
mon honneur et de mon devoir de lui faire connoître
les sentimens bien pénibles que je vous ai exprimés.

Recevez, Monsieur, les assurances de ma parfaite considération.

<hr>

NOTE 6.

BREF DU PAPE A L'ÉVÊQUE DE TROYES EN 1814.

PIUS P. P. VII.

Venerabilis Frater, salutem et apostolicam benedictionem. Post tam diuturnas easque vehementissimas tem-
pestates quibus et Petri navis mirum in modum agitata
fuit, et nos etiam, qui gubernaculum ejus immerentes
tenemus, jactari ac propemodum obrui visi sumus,
comprimi tandem cœpta est ventorum irruentium vis,

atque eam, quam tamdiu nostris, bonorumque omnium
votis, precibusque expetivimus, reduci confidimus tran-
quillitatem. Dum verò nos pristinam (quo tempore minimè sperabamus) libertatem adepti, non tam nobis
ipsis quàm Ecclesiæ restitutos esse lætaremur, ac Patri
misericordiarum de hoc tanto beneficio gratias humili-
ter ageremus; magna facta nobis fuit consolationis ac-
cessio, quòd Gallicanæ nationi designatum Regem esse
agnoverimus è stirpe illa progenitum gloriosissima, quæ
et sanctissimum olim Regem protulit Ludovicum, et tam
insignibus in Ecclesiam Dei, atque in hanc apostolicam
sedem meritis fulsit. Atque hæc quidem voluptas animum nostrum eo usque pervasit, ut quamquam publica
tantum acta lætissimum ad nos hujus rei nuncium attu-
lerint, nullâ tamen habitâ ratione receptæ consuetudi-
nis, de extraordinario in Gallias Nuncio ablegando cogi-
taverimus, ut, eo interprete, nuncupato Regi restitutam
potestatem amplissimis verborum significationibus gra-
tularemur.

Gaudium tamen hoc nostrum citò gravissimus per-
turbavit dolor, cùm scilicet novam regni constitutionem
à Parisiensi senatu decretam publicæ ephemerides retu-
lerunt. Dum enim sperabamus fore, ut commutatis tam
feliciter rebus, non modò impedimenta omnia catholicæ
religioni (reclamantibus perpetuò nobis) in Galliis pa-
rata de medio quàm citissimè tollerentur, verùm etiam
splendori ejus atque ornamento, oblatâ hâc opportuni-
tate, consuleretur; vidimus primùm, servari altum de
ea in constitutione silentium, sed ne Dei omnipotentis
quidem, per quem Reges regnant, et principes imperant,
fieri mentionem. Facilè tibi, Venerabilis Frater, poteris
persuadere, quàm grave, quàm acerbum, quàm moles-

tum hoc acciderit nobis, quibus à Jesu Christo, Dei Filio, ac Domino nostro summa christianæ rei commissa est. Quomodo enim ferre æquo animo possumus catholicam religionem, quam primis ipsis Ecclesiæ sæculis Gallia recepit, quæ tot fortissimorum martyrum sanguine in eo ipso regno est confirmata, quam longè maxima Gallorum pars profitetur, et verò etiam inter gravissimas superiorum annorum adversitates, persecutiones, pericula, fortiter et constanter asseruit, quàm denique stirps ipsa, ad quam designatus Rex pertinet, et profitetur et tanto studio tutata est, catholicam, inquimus, hanc sanctissimam religionem, non modò non eam declarari, cui soli in universa Gallia legum præsidium et gubernii auctoritas suffragetur, verùm etiam, in ipsa instauratione regni, penitus præteriri?

At multò etiam gravior, ac verè acerbissimus cordi nostro dolor accrevit, quo divexari nos, premi conflictarique fatemur ex constitutionis articulo vigesimo secundo, in quo perspeximus *libertatem cultuum et conscientiæ* (ut iisdem quæ fert articulus verbis utamur) non permitti modò vi constitutionis, sed libertati hujusmodi, prætereaque *cultuum*, quos vocant, ministris præsidium patrociniumque promitti. Non opus certè multis est, cùm tecum agamus, ut planè agnoscas, quàm lethali vulnere catholica religio in Galliis per hujusmodi articulum percellatur. Dum enim *cultuum* indiscriminatim omnium libertas asseritur, hoc ipso veritas cum errore confunditur, ac pari loco cum hæreticorum sectis, judaicâque ipsâ perfidiâ, sancta et immaculata Christi sponsa Ecclesia, extra quam salus esse non potest, collocatur. Dum verò hæreticorum etiam sectis, eorumque ministris favor patrociniumque promittitur, eorum non

personæ modò, sed errores etiam ipsi tolerantur, con-
foventurque : in quo exitialis, et numquam satis deplo-
randâ hæresis illa continetur, quæ, ut D. Augustinus
refert (de Hæresibus, n° 72) *omnes hæreticos rectè am-
bulare, et vera dicere affirmat : quod ita est absurdum, ut
mihi incredibile videatur.*

Non minùs autem et mirari et dolere debuimus de ser-
vata permissaque, articulo constitutionis XXIII, impri-
mendi libertate; ex qua sanè quàm magna pericula, et
quàm certa pernicies moribus et fidei impendat, si du-
bitare quis posset, ipsa præteritorum temporum expe-
rientia doceret : planè enim constat, hâc potissimùm viâ
depravatos primùm populorum mores, tum corruptam
atque eversam fidem, ac demum seditiones, turbas, re-
bellionesque conflatas. Gravissima hæc mala, in tanta
hominum corruptela, timenda adhuc essent, si, quod
Deus avertat, libera cuilibet quæ magis placeant typis
mandandi potestas permitteretur.

Neque verò non alias de nova constitutione regni do-
lendi causas habemus, in articulis præsertim VI, XXIV
et XXV. Singillatim quidem tibi eas exponere prætermittimus, eò quod facilè fraternitatem tuam quo ejusmodi
articuli spectent perspecturam minimè dubitamus.

In tanta quidem, ac tam justa perturbatione animi
nostri, ea spes nos solatur, fore, ut propositæ constitutionis articulis, quos memoravimus, designatus Rex minimè subscribat; id siquidem ab avita pietate atque à
religionis studio, quo incensum esse non dubitamus,
nobis certissimè pollicemur. At quoniam, si in fidei et
animarum periculo taceremus, nostrum certissimè pro-
deremus ministerium, has ad te, Venerabilis Frater, cujus fidei et sacerdotalis roboris non dubia argumenta

habemus, dare interim litteras constituimus, non modò
ut exploratum sit improbari vehementissimè à nobis ea
quæ huc usque tibi exposuimus, et quidquid contra
catholicam religionem proponi fortasse posset; verùm
etiam, ut collatis quoque cum aliis Gallicanarum ecclesiarum præsulibus, quos tibi adjungere judicaveris, con-
siliis, studiisque des operam, ut tam gravia mala quæ,
nisi citissimè propulsentur, Ecclesiæ in Galliis imminent,
avertantur, legesque illæ, decreta, aliæque gubernii
sanctiones, de quibus, ut probè scis, superioribus annis
conqueri nunquam destitimus, quæque adhuc vigent,
removeantur. Itaque designato Regi te sistas; significes
ei vehementissimum dolorem quo, post tantas adversitates, ac tribulationes huc usque perlatas, in communi
omnium lætitia, animus noster ob præmissa conficitur,
atque torquetur; exponas quàm gravia catholicæ religioni damna, quanta animabus pericula, quod fidei
exitium in Galliis compararetur, si expositæ constitutionis articulis assentiretur; omnino nobis persuadere
non posse regni sui initium auspicari sic velle, ut ab
infligendo catholicæ religioni gravissimo hoc, et ferè in-
sanabili vulnere ducat exordium; contrà Deum ipsum,
in cujus potestate omnium sunt jura regnorum, ab eo
certissimè postulare, ut quam ei, tanto cum bonorum
omnium, nostroque in primis gaudio restituit potestatem, hanc in Ecclesiæ Dei potissimùm columen atque
ornamentum impendat; sperare nos, ac vehementer con-
fidere, fore ut, aspirante Deo, vox nostra, te interprete, animum ejus tangat, vestigiaque premens præde-
cessorum suorum, qui, ob assertam toties vindicatamque
catholicam religionem, Christianissimorum Regum ab
hac sancta sede titulum meruerunt, quod debet, quod

boni omnes expectant, quod nos incensissimo studio fla-
gitamus, fidei catholicæ patrocinium suscipiat. Exere,
Venerabilis Frater, vires omnes tuas, ac religionis zelum
quo flagras; gratiam quâ vales plurimùm, eloquentiam
quâ præstas, in maximum hoc sanctissimumque opus
conferas. Dabitur tibi certè à Domino quid loqueris,
nosque etiam tibi auxilium de sancto precibus implo-
rare nostris non prætermittimus, qui interea tibi, gre-
gique tuæ curæ commisso apostolicam benedictionem
amantissimè impertimur.

Datum Cesenæ, die 29 aprilis 1814, pontificatûs nostri
anno XV.

Pius P. P. VII.

NOTE 7.

RÉPONSE DE M. DE BOULOGNE AU BREF PRÉCÉDENT.

TRÈS-SAINT PÈRE,

Nous allions mettre la main à la plume pour féliciter
Votre Sainteté sur son heureuse délivrance et son entrée
triomphante dans sa capitale, qui est celle du monde
chrétien, lorsque nous avons reçu le bref dont elle nous
a honoré, lequel, quoique daté du 29 avril, ne nous est
parvenu que le 31 mai suivant. Nous ne saurions exprimer combien nous avons été touché et vivement péné-
tré des choses trop flatteuses que Votre Sainteté a daigné
nous dire, quoique nous les méritions si peu. Nous l'a-

vous été surtout de la mission dont elle a bien voulu nous charger auprès de Sa Majesté très-chrétienne. Elle a eu sans doute l'intention de nous dédommager, par cette honorable distinction, des trois années d'exil ou de captivité, auxquelles nous avons été condamné pour avoir défendu de tout notre pouvoir les droits sacrés du saint siège, inséparables de ceux des évêques; et nous avouons que cette marque de votre bienveillance et de votre confiance, très-saint Père, est pour nous la plus douce récompense de tous les maux que nous avons soufferts.

Dès que nous eûmes reçu ce bref, nous en fîmes part à Mˢʳ votre Nonce extraordinaie, lequel applaudit fort à la résolution que nous lui manifestâmes de demander une audience particulière au Roi, à l'effet de lui faire part des doléances de Votre Sainteté contenues dans son bref. Sa Majesté ne tarda pas à nous accorder cette audience, qui eut lieu le samedi 4 juin, et qui venoit d'autant plus à propos, que nous avions eu l'honneur de prêcher devant elle le dimanche auparavant, jour de la Pentecôte, d'après le choix qu'elle avoit fait elle-même de notre personne. Notre discours étoit *sur le triomphe de la vérité*, et renfermoit beaucoup de choses analogues au bref de Votre Sainteté, relativement à la protection que les princes doivent à la religion, qu'ils ne peuvent jamais séparer de l'Etat, dont elle est la première loi: nous devions donc trouver le Roi mieux disposé à nous écouter. En effet, il nous accueillit avec bonté, nous écouta avec attention, et nous parut sensible aux plaintes si bien fondées et si bien exprimées que lui faisoit Votre Sainteté par notre organe. Il nous fit sentir que la nature des circonstances extraordinaires où il se trouvoit le forçoit à bien des choses, auxquelles il ne se prêteroit pas dans d'autres temps; qu'il falloit avoir égard à sa position; et que de même que Votre Sainteté s'étoit justifiée, dans certaines occasions, sur la loi de la nécessité, il pouvoit également invoquer cette même loi en sa faveur. Effectivement, Sa Majesté se trouve tellement entourée d'impies dont l'influence est encore très-puissante, qu'elle est obligée de faire violence quelquefois à ses propres sentimens, qui sont véritablement religieux; sans parler des puissances alliées, qui ont protégé elles-mêmes la constitution si pernicieuse, proposée par le sénat, et ont mis ainsi des entraves aux excellentes dispositions du Roi en faveur de la religion catholique.

Comme nous avions à la main le bref de Votre Sainteté, qui nous servoit de passeport et comme d'une sorte de lettres de créance, Sa Majesté nous demanda de le lui laisser, nous assurant qu'elle le liroit avec plaisir; ce que nous fîmes, et quelques jours après, elle nous le fit rendre par l'ancien archevêque de Reims, auquel elle témoigna une sorte de surprise sur les mots de *Rex designatus* dont se sert Votre Sainteté; mots que nous crûmes devoir lui expliquer en les présentant comme une censure du sénat, qui avoit osé désigner le Roi, comme s'il ne l'étoit pas par les droits impérissables de sa naissance.

Votre Sainteté doit savoir aujourd'hui qu'il n'est plus question de cette prétendue constitution du sénat, et qu'au contraire c'est le Roi lui-même qui en a donné une par laquelle ce sénat se trouve anéanti. Elle sait sans doute déjà qu'il y a un article que Sa Majesté n'a pas manqué de nous faire remarquer, qui déclare que la religion catholique, apostolique et romaine est la religion de l'Etat; ce qui, dans la position actuelle des choses, a paru une grande victoire obtenue sur la faction encore bien puissante des ennemis de l'Eglise. Il est vrai que cet article est suivi d'un autre qui affligera bien vivement sans doute le cœur de Votre Sainteté, comme il afflige celui de tous les évêques et de tous les gens de bien, c'est la protection égale accordée à toutes les communions chrétiennes. Cependant, très-saint Père, nous aimons à croire, d'après notre entretien avec Sa Majesté, qu'elle n'a pu faire mieux, et que les règles de la prudence ont fait encore ici une nouvelle violence à son cœur sincèrement chrétien. Nous pensons encore que cet article, si triste et si fâcheux dans les termes et dans la forme, ne le sera pas également dans l'exécution, qui dépend uniquement du Roi, et que, dans la pratique, il n'aura pas la même étendue et la même rigueur que les mots semblent indiquer.

Mais si, d'un côté, il y a tant de choses tristes et affligeantes, il y en a aussi de consolantes d'un autre : le ministère des cultes est anéanti, et le ministre de l'intérieur ne se mêlera plus que du *matériel* du clergé. Les lois appelées organiques, que Votre Sainteté a condamnées avec tant de raison, sont comme non-avenues, et on peut les regarder déjà comme détruites. La célébration des dimanches et fêtes vient d'être ordonnée de la manière la plus sévère. Le culte public est rétabli partout où il avoit été défendu. La procession de la Fête-Dieu a eu lieu à Paris dans les rues, par ordre du Roi, avec un nouveau surcroît de pompe et de décence. Les religieuses dispersées trouvent aujourd'hui la plus grande facilité pour se réunir en communauté. La piété de la famille royale est encore un grand motif d'espérance et

de consolation. MONSIEUR, frère du ROI, est un modèle
de vertu; le duc d'Angoulême est plus pieux peut-être
encore que MADAME, qui est un ange, et qui édifie toute
la cour. Il est impossible que ces grands exemples n'in-
fluent pas beaucoup sur les bonnes mœurs et sur la pro-
spérité de la religion catholique, et tout nous porte à
espérer que les choses tourneront, un peu plus tôt ou
un peu plus tard, au plus grand bien de l'Eglise et à la
plus grande satisfaction de Votre Sainteté.

Vous aurez peut-être remarqué, très-saint Père, que
dans la liste des pairs de France qui remplacent les sé-
nateurs, et qui forment la chambre haute, il y a trois
prélats à la tête, l'archevêque de Reims et les évêques de
Langres et de Châlons, anciens titulaires de ces évêchés
supprimés par le concordat. Votre Sainteté aura aussi
remarqué que ces évêques ne sont pas qualifiés d'anciens, ce qui suppose que le Roi les regarde toujours
comme titulaires actuels. Sans nous arrêter ici à discuter ce sentiment, il est clair, et nous le savons d'ailleurs
avec certitude, que l'intention de Sa Majesté est de ré-
tablir, dans le nouveau concordat qu'elle va demander,
les évêchés que l'on appeloit *pairies*, au nombre de six,
savoir, les trois nommés, et les trois autres, Laon, Beauvais et Noyon, dont les titulaires sont morts, sans pré-
judice de plusieurs autres dont le rétablissement paroît
être sollicité par les anciens évêques non-démissionnaires,
qui désirent d'être placés, et qui sont beaucoup favori-
sés par Sa Majesté.

Il s'agira donc, très-saint Père, de trouver un moyen
de conciliation entre ces évêques et les titulaires actuels, entre Votre Sainteté et le Roi, et de faire un arrangement définitif qui puisse contenter tous les partis,

conserver tous les droits, et éloigner tous les troubles.

Il nous semble qu'il est impossible de ne pas convenir d'abord du principe, que, dans l'état des choses, la réduction des sièges faite par le dernier concordat étoit indispensable ; que l'érection de quelques nouveaux sièges seroit désirable, sans être cependant de la première nécessité ; que c'est le Roi qui peut mieux que tout autre connoître ce que les finances de l'Etat permettent à ce sujet, et que le nombre des nouvelles érections peut être facilement consenti par Votre Sainteté, d'après le vœu du Roi.

Nous croyons encore devoir observer qu'avant d'ériger de nouveaux sièges, il est à souhaiter que l'on dote convenablement ceux existans, et que cette dotation comprenne non-seulement les évêques et les chapitres, mais encore les curés et les séminaires, qui manquent également de moyens suffisans pour leur existence. Il est encore nécessaire que les évêques aient leur palais et les curés leur presbytère ; que les églises soient entretenues et pourvues, et les évêchés actuellement existans sont encore loin d'être pourvus suffisamment : d'où il résulte qu'il seroit dangereux de multiplier si fort les sièges, surtout pour le moment.

On peut ajouter encore que, dans cet état de choses, une certaine étendue de pays est nécessaire pour procurer aux évêques plus de moyens dans la charité des fidèles, qui peut seule les aider dans l'éducation des clercs et les autres œuvres de la charité diocésaine. Il n'est pas inutile de remarquer que si, dans l'absence des moyens d'émulation pour la vie cléricale, l'on bornoit trop les diocèses, on ôteroit aux évêques les seuls moyens d'encouragement qui leur resteroient pour se procurer des

aspirans à l'état ecclésiastique ; ceux-ci n'auroient plus
de zèle pour se former et se perfectionner aux études
dans des séminaires déserts. Nous pensons donc que si
on ajoute dix ou douze évêchés à ceux existans, on aura
rempli tout ce qu'il y a de mieux à faire pour le plus
grand bien de l'Eglise et du gouvernement.

Mais dès-lors voilà environ vingt sièges vacans en
France ; car nous supposons que Votre Sainteté ne don-
nera point de bulles aux évêques prétendus nommés, et
qui se sont tous rendus indignes, par leur conduite, des
bontés de Votre Sainteté. Il y a donc suffisamment de
places pour donner aux évêques anciens, et même supé-
rieures à celles qu'ils possédoient auparavant. Nous ne
parlons pas d'une bulle d'érection des dix nouveaux
sièges dans laquelle seroient assignées leurs nouvelles
circonscriptions ; rien de plus facile que cette opération,
une fois qu'on est convenu des principes dont nous avons
parlé, et dès-lors nous ne voyons point de raison de
trouble ni de scission parmi les évêques, qui d'ailleurs
sont bien assurés qu'ils gagneront mutuellement, aux
yeux des peuples, en s'unissant ensemble, pour le bien
général de la religion, dans leur commun respect et leur
déférence réciproque pour le saint siège.

La circonstance, très-saint Père, du nouveau concordat fournira naturellement à Votre Sainteté l'occasion
de faire certaines réclamations, et de demander la ré-
forme de certains abus les plus pressans, comme l'abro-
gation solennelle des lois organiques, qu'on a eu l'im-
pudence de présenter comme une suite du concordat,
l'affranchissement des autorités laïques dans les fonctions de notre ministère, et surtout la recomposition de
l'Université, une des plus grandes plaies de l'église de

France, et le vrai fléau de l'épiscopat dont elle a envahi l'enseignement, en mettant la main sur l'instruction de nos séminaires, et en s'emparant de la première éducation cléricale. Votre Sainteté pourroit se joindre encore ici à tous nos collègues qui ne font qu'un vœu pour l'établissement d'un corps enseignant, et à cette occasion nous pouvons l'assurer que le Roi a toujours conservé et conserve encore un grand goût et une grande estime pour les Jésuites.

Il s'établit en ce moment un comité de plusieurs évêques, autorisé par le Roi, sous la direction de M. l'archevêque de Reims, relativement aux affaires de l'église de France et au nouveau concordat. Nous sommes membre de ce comité. Si Votre Sainteté jugeoit à propos de se servir dans l'occasion de nos foibles moyens, soit pour aplanir certaines difficultés, soit pour faire valoir certaines représentations qu'elle jugeroit nécessaires, nous tiendrons à honneur et à gloire de seconder ses intentions, ne désirant rien tant que de nous rendre digne de plus en plus de la confiance qu'elle a daigné avoir dans notre zèle, et de lui prouver en tout notre entier dévoûment pour sa personne, ainsi que notre profonde vénération pour ses héroïques vertus. C'est dans ce double sentiment que nous la supplions de nous accorder sa bénédiction paternelle.

Très-saint Père,

De Votre Sainteté,

Le très-obéissant et très-dévot fils,

Signé, † Et.-Antoine, *évêque de Troyes.*

Paris, ce 10 juin 1814.

NOTE 8.

BREF JOINT A L'ENVOI DU PALLIUM.

LEO P. P. XII.

Venerabilis Frater, salutem et apostolicam benedictionem. Honorifica Ecclesiæ insignia et dignitatis in-
crementa petentibus haud gravatè morem gerimus, si
quidem oratores iis præditi sunt virtutibus, et ita mu-
neribus funguntur suis, ut beneficia in illis nostra me-
ritò collocari posse videantur. Jam ab anno MDCCCXVII
per novam Gallicanarum diœcesium circumscriptionem,
tibi à vinculo Trecensis ecclesiæ, quæ tunc temporis à
te regebatur, soluto, metropolitana Viennensis ecclesia
fuit concredita. Qua de re litteræ apostolicæ, ut moris
est, ad te datæ fuére, palliumque missum. Priusquam
verò in illius ecclesiæ possessionem venires, ac pallium
solemni ritu reciperes, suspensá illius circumscriptionis
executione, fel. rec. Pius VII, prædecessor noster, per
apostolicas sub annulo piscatoris expeditas litteras, ejus-
dem Trecensis ecclesiæ administrationem tibi demanda-
vit, tuque interim archiepiscopi Viennensis titulo uti
non destitisti. Quum autem anno MDCCCXXII, recens ar-
chiepiscopalis ecclesiæ Viennensis erectio irrita fuerit,
quumque tu, illâ demissâ, ejusque titulo metropolitanæ
Lugdunensi addito, ad pristinum Trecensis ecclesiæ re-
gimen, per alias apostolicas pariter sub annulo piscatoris expeditas litteras fueris restitutus, suppliciter à nobis

postulasti ut archiepiscopi titulum, seu nomen, ac illius pallii usum, ex speciali gratiâ, tibi confirmare velimus. Nos igitur eâdem peculiari beneficentiâ quâ idem Pius VII, prædecessor noster, prosequebatur complecti volentes, quum perpenderimus te quondam hujusmodi titulo fuisse donatum, suaque insignia penes te esse, ut eximii tui in rem catholicam studii, item exilii, carceris, quæ omnia ad tuenda Ecclesiæ et apostolicæ sedis sanctissima jura alacriter sustinuisti, præmia feras, libenter inducimur tuis ut votis obsecundemus. A quibusvis idcirco excommunicationis et interdicti, aliisque ecclesiasticis sententiis, censuris et pœnis, à jure vel ab homine, quâvis occasione vel causâ, latis, si quibus quomodolibet innodatus existis ad effectum præsentium dumtaxat consequendum harum serie te absolventes, et absolutum fore censentes, tibi, Venerabilis Frater, quamvis episcopali ecclesiæ Trecensi nunc præsis, nihilo tamen minus archiepiscopi nomen, quin majorem propterea, quâ polles, jurisdictionem acquiras, conferimus, utque eo titulo in tuis scitis atque mandatis uti possis, auctoritate apostolicâ concedimus, et indulgemus. Insuper propensam in te voluntatem nostram novâ atque illustriori significatione cumulari ac prodere cupientes, ut in ista ecclesia pallium, quod tunc cùm archiepiscopus Viennensis ecclesiæ fueris nominatus, accepisti, iis dumtaxat diebus quibus metropolitanarum ecclesiarum antistites similem notam deferre solent, gestare possis, facultatem impertimur. Hoc verò summum archiepiscoporum decus, quod perrarò pontifices, præter Ecclesiæ consuetudinem, pastoribus tribuunt, privatim per venerabilem fratrem nostrum Nisibensem archiepiscopum penès charissimum in Christo filium nostrum, Galliarum

Regem christianissimum Nuncium, cui propterea opportunas tribuimus facultates, primùm tibi imponi mandamus, servatis tamen iis reliquis quæ in tradendo metropolitis pallio servari mandantur. Cæterùm per has litteras hoc benevolentiæ nostræ pignus, in exemplum numquam afferendum, tibi solummodò, donec vixeris, non autem Trecensi cathedræ, deferri decernimus, ita ut successores tui titulum et insignia episcopi tantùm sint adepturi. Hæc concedimus atque indulgemus, non obstantibus, quatenus opus sit, nostræ et cancellariæ apostolicæ regulis, necnon apostolicis, ac in universalibus, provincialibusque et synodalibus conciliis, editis generalibus vel specialibus constitutionibus et ordinationibus, etiamsi speciali et individuâ mentione dignis, cæterisque contrariis quibuscumque.

Datum Romæ, apud Sanctum Petrum, sub annulo piscatoris, die xxv februarii mdcccxxv, pontificatûs nostri anno secundo.

Pro Domino Cardinali ALBANO

Franciscus Capaccini, *substitutus.*